Bremische Schmunzelgeschichten
Band 3

Auf Neptuns Dreizack aufgespießt

K. H. ZROHM -1986-

Ernst B. R. Dünnbier

Bremische Schmunzelgeschichten

Auf Neptuns Dreizack aufgespießt

Bremische und maritime Gabelbissen
aufgespießt und vergnüglich serviert!

Mit Illustrationen von Margret Rink

Edition Falkenberg

Abbildung auf dem Umschlag:
Margret Rink

Bildnachweis:
Die Illustrationen stammen aus der Feder von Margret Rink, die uns freundlicherweise Ihre Genehmigung für den Nachdruck erteilt hat.

Alle übrigen Abbildungen stammen aus dem Archiv des Autors.

Dieses Buch ist erstmals 1996 im Verlag H. M. Hauschild GmbH unter dem Titel »Bremische und maritime Gabelbissen« erschienen.

1. Auflage 2015

Bgm.-Spitta-Allee 31, 38329 Bremen

produktsicherheit@edition-falkenberg.de

ISBN 978-3-95494-060-8
www.edition-falkenberg.de

Inhaltsverzeichnis

EHRE SEI GOTT AUF DEM MEERE:

ER HAT DAS MEER SO WEIT BESTELLT
ALS SCHÖNSTEN TEIL DER GANZEN WELT
UND TAT DAMIT SEIN' WEISHEIT KUND,
DAMIT NICHT JEDER LUMPENHUND,
MIT DENEN DIE ERDE
SO REICHLICH GESEGNET,
DEM FRÖHLICHEN SEEMANN
DA DRAUSSEN BEGEGNET:

EHRE SEI GOTT AUF DEM MEERE!

Vorwort zur 2. Auflage

»Maritime Gabelbissen« sind keine Fischspezialitäten oder bremische Kochrezepte. Das sind ausgewählte – und auf Neptuns Dreizack aufgespießte – Seefahrts-Stories mit Bremenbezug.

Als Seefahrt noch romantisch war, sind solche Begebenheiten zustande gekommen, und werden bei Seebegeisterten immer wieder gern erzählt. Unter dem Leitmotiv »Einer Seefahrt froh Gelingen« ist dieser im Format geänderte Nachdruck entstanden, dem »eine Gute Fahrt« gewünscht wird.

Und so gilt denn ein »Voll voraus!«

MOIN – MOIN!

»MOIN – MOIN« heißt es hier an der Küste:
Als ob das nicht jedermann wüsste:
»MOIN – MOIN« hat sich bestens bewährt,
damit machst du nie was verkehrt!

»MOIN – MOIN« kann zu allen Gezeiten
die freundliche Grußform bestreiten,
egal ob es früh oder spät,
weil's mit »MOIN – MOIN« am besten geht.

Vorbemerkung

Der Merkzettel in der Schreibtischschublade des Kapitäns »Backbord ist links und Steuerbord ist rechts!« ist ein unnützer Schifffahrtswitz und unausrottbare Seefahrtslegende. Aber der Wandspruch darüber ist Mahnung und Trost zugleich: »Der Mensch denkt, der HERR lenkt – und die Reederei sorgt für Überraschungen!«

Eben daraus ergibt sich, dass ein Seemann wahrhaftig durch nichts in seiner Gemütsbeschaffenheit zu erschüttern ist. Und was meint die Mannschaft über ihren »Master next God«?

»Wenn he wokt denn quarkt he, wenn he slopt denn snarkt he. Wat he meent is richtig, wat he deiht is wichtig!«

Jedoch ihm unverständlich erscheinende Weisungen pflegt er mit seiner Lebenserfahrung abzutun: »Ja, de besten Seelüüd wohnt an Land!«

Damit meint er aber keinesfalls die lieben Alterskollegen, die nach langer Fahrenszeit endlich zu Hause »die Leinen fest belegt« haben, sondern mit einer leichten Geringschätzung gilt diese Feststellung den lästigen Besserwissern und den »Klokschietern in'n Kantoor« und den »Entspekters mit dat Buulenbook« (sprich: Schadens-Journal).

Darum ist ihm immer dann am wohlsten, wenn er erleichtert sagen kann: »Smiet los de Lien!« und wenn dann die Rückmeldung kommt: »Klar vörn un achtern!«

So geht es dann »nach See zu«, wenn man »zur See fährt« und seine besten Jahre »auf See« verbringt. Das sind die gleichen feinen Sprachunterschiede wie: »Der Käppen hat ein Schiff gefahren, aber der Jantje ist auf einem Schiff gefahren.« Nachher sind sie alle dann »Befahrene«.

Diese Sammlung von Stories, Riemels, Döntjes und Braatjes als »Riemeree un Snackeree« ist in dreißig Jahren seefahrtbegleitender Reedereitätigkeit entstanden. Sie nimmt ihre Substanz aus Gesprächen an Bord und an Land, beim Mitfahren und Hafenklönschnack aufgeschrieben: aufmerksam zugehört und wohlverstanden in einer gemeinverständlichen Redeweise interpretiert.

»Döntjes« sind lustige Kurzgeschichten, »Braatjes« sind erzählte Seefahrterlebnisse, »Stories« sind wiedererzählte Begebenheiten, »Riemels« kommen aus der wohlmeinenden Verseschmiede. »Schiemannsgarn« braucht der Bootsmann zum Umwickeln der Spleiße, wovon »Seemannsgarn« abgeleitet ist. Wer kennt sich da schon in den feinen Unterschieden aus? Ist somit letzten Endes »man blots Snackeree«. Hauptsache, sie gefällt. Derjenige, der so etwas bringt und in Verse gesetzt hat, ist demgemäß »Snackebaas un Riemelmaker«. Als solcher will er natürlich nur wahre Begebenheiten berichten. Ansonsten könnte man ihm nachsagen: »Hei lücht!« Und da wird schon wieder der kleine Unterschied wirksam, weil es bei »lögenhaft Vertellen« richtig »Hei lögt!« heißen müsste, denn »Hei lücht« kann nur »er leuchtet« bedeuten. Aber zum Leuchten gibt es Lampen und Laternen, die man im Plattdeutschen wiederum »Schienfatt« nennt. Und wenn die brennen, erklingt der Ruf: »An Bord ist alles wohl, und alle Lichter brennen!«

Mit dieser Sammlung soll auch die Hochachtung vor einem anstrengenden Beruf zum Ausdruck kommen, der seine Menschen auf besondere Weise formt und ihnen zu einem bezeichnenden Erscheinungsbild verhilft. Mit Humor erträgt sich alles besser. Und davon hat der Seemann eine gehörige Portion in sich. So kann er sich erforderlichenfalls auch selbst kräftig auf den Arm nehmen und sagt zuweilen als Eigentrost: »Seemann, ertrag du dein Leid mit Geduld, dass du zur See fährst, bist du selber Schuld!«

Und gerade darin liegt die Besonderheit dieses Berufes, der Arbeit und Freizeit ausfüllt, Denken und Fühlen voll in Anspruch nimmt, Wollen und Handeln bestimmt und der sprachliche Idiome prägt und in die Allgemeinsprache einfließen lässt.

Es heißt nicht umsonst: »Einmal Seemann – immer Seemann!«

Diese Eigenart spiegelt sich wider in Haus und Wohnung, in Souvenirsammlung und Bücherbord. Das gilt gleichermaßen auch für den Schifffahrtsmann, der seinen Kollegen draußen nichts Besseres wünschen kann als »Allzeit Gute Fahrt!«

Und wer das nicht begreifen will, der muss mehr als nur einen Grog ausgeben, aber »schön nördlich, bitte!«

Ernst B. R. Dünnbier

Beten wat över mi

Wi Jungs, de mit Werserwater döfft weern, towden jümmers inne Binnenstadt un an' n Strom rum un hefft daar nah Hartenslust rumbutjert. So hebbt wi us Stadt, den Haben un »umto« kennenliernt.

Von de Schoolbank weg heff ick Tütenpuuster un Heringsbänniger liernt. Ick wull doch laterhen mol bi de Öllern to Huus in't Geschäft mit instiegen, tosamen mit mien Broder, de Kook weern wull.

Dör den Krieg keem dat denn ganz anners. Söss Johr weer ick op disse »grotdütsche Wannerschapp« un harr, as ick woller nah Bremen keem, nich mehr as twee tweie Stebeln un een ol Suldotenjack. To Huus weer allens in Dutt, un ick möss mi wat anners infalln laten. –

So bin ick all de Johrn von Professchon sowat as een »Bliepennstemmer« wesen, wat een ok »Dintensüper« nöömt orrer, as de Lüd in'n Haben von de Kantoorknüppels meen, een »Bockforzer«, vonwegen dat Sitten bi de Arbeit. Nu bün ick all lang in dat Rentenoller rinkomen. Doch weern dat meist 34 Jahr, de ick twüschen Scheepfahrt un Haben beleewt heff. Kummst in'n Haben un an Bord, daar ward jümmers noch wacker platt snackt. To See fohrt heff ick nich, ower mitföhrt bün ick mennichmol. Un so weet ick woll, wovon een Seemann snacken deiht.

Doch mit de niege Technik daar kaamt ok veel an niege Utdröök, so dat de ol Spraak un de oln Wöör so bi littjen todeckt warrn. Bremer Geschicht weer alltied mien Vörleew – un Geschichten ok. So hett mi dat jümmers Sposs mokt, achter dat Bedüden von bestimmte Wöör un von Bremer Snackeree to simmelieren un dat denn optoschriewen. Böker un Riemels sünd daarvon wurrn, ok Geschichten un Vertellsel, veel Berichten un mennicheen Vördraag.

Ick hol mi jümmers an den Sprook: Düt un dat, hoch or platt, groff or fien: echt mutt't sien!

Un wat ick sünst so in'n Lewen to dohn harr? Mit Warktüüch rumspeelen un allens sülms maken (tominnst dat meerste orrer wat grod nödig deiht); beten wat in Goorn dohn (Gras afsniern un Blä-der tosamenharken); Sport bedrewen so as Swömmen, Danzen, Rennen un Wannern; allen möglichen un unweeten Tüünkram sammeln (hett to golden Dukaten ober nich langt); för de Familje daar sien; anner Lüüd in' n Snack opholln; veel Undöög un Spijökenkraam maken; gode un leege Böker lesen; Berichten schriewen orrer Riemels maken. –

Von de Schooltied weg heff ick so'n rechte Halfbüldung, bün ick daarmols doch mit dat »Eenjahrige« afgohn. Den Ünnerscheed twüschen schieten un scheeten kann ick noch grod begriepen un den twüschen tahlen un tellen ok. –

Meen Familje meen, ick weer een Fuulpuup, de dat good versteiht, de Arbeit an de annern to verdeeln. Doch wat de Familje sünst angeiht, daar mööt mien Fro un ick woll bannig altbacksch sien: all 65 Johrn mit de sülbe Fro un mit den glieken Kierl verheirat – un anner Mannslüüd hebbt in socke Tied all Stücker veer verbruukt …

Obends kann ick nich inne Puch finnen, un morgens bün ick jümmers mööd. Ober dat mutt woll an de Luft un nich anne Lust liggen. Oder an de jümmers dröge Lebber. Ick finn, dat »Prost« doch een moi Word ist. Oold warst von alleen, daar brukst nix an dohn.

Allzeit Gute Fahrt!

Steure so dein Lebensschiff:
Frei von Klippen und kein Riff;
Rechter Kurs und klarer Blick;
Glatte Kimm und Wetterglück.

Wenn auch einmal Stürme wehn,
Glaub, es wird schnell wieder schön.
Blick hinauf ins Sternenzelt,
Freu dich an der schönen Welt.

Blauer Himmel, weite Sicht,
Wolkenspiel im Sonnenlicht,
Sanfte See und guter Wind
Dir doch wohlgesonnen sind.

Mit windprallen Segeln geht's fort in die Weiten,
zu glückhaften Fahrten die Wimpel gesetzt. –
Dem Schiffe vergleichbar führ' n menschliche Wege
durch Meere und Wellen zum weltweiten Ziel.
In Wolken und Wettern gilt's fest sich behaupten,
bis güldenes Feuer die Sonne vergießt.
Ein stetiger Wechsel durchzieht das Erleben
und bringt durch sein Wirken den inneren Wert.

Stammtischrunde der Kapitäne

Wenn man den Stammtisch so betrachtet:
Die Brüder haben viel geseh' n,
sie haben keine Kost verachtet
und wussten, wie die Winde weh'n,

Jetzt sind zur Ruhe sie gekommen;
wie zahm sie doch geworden sind!
Bedächtig wird der Schluck genommen,
sie segeln ruhig vor dem Wind.

Ihr Schiff liegt fest im sich'ren Hafen,
ist wohlbehütet von den Frau'n.
Sie dürfen – immer ausgeschlafen –
nach ander'n Schiffen nur noch schau'n.

Sie sind der Tradition Bewahrung
und sind gar prächtig beieinand:
Der Inbegriff der Welt – Erfahrung
ist wohlbestallter Ruhestand.

Ein Kapitän, nach Döntjes aus seiner Fahrenszeit befragt, meinte: »Ich habe mein Leben lang gearbeitet und deshalb nie Zeit für Döntjes gehabt!« (***So*** fett braucht man ja nicht gleich aufzutragen.)

»Na, Herr Kapitän, wie war's?«
»Mensch, war das 'ne Reise:
Besatzung aus sechs Nationen:
Deutsche, Spanier, Portugiesen, Türken, Bayern
und – Ostfriesen!«

Was der Käppen sagt

»Mein Jung,« sprach mal der Käppen zu mir,
»durchfährst du die Welt, dann merke dir:
Tust du was nicht, das du dir erträumt,
dann ärgerst du dich, weil du's versäumt.
Machst du's dann doch, so wie dir's gefällt,
weißt du am End, wie's geht in der Welt.
Dann kannst du erzähl' n was du gesehn,
wie Abenteuer war'n zu bestehn.
Die Hauptsach' ist ein ehrlich Gesicht,
denn Seemannslatein gibt es doch nicht!« …

Darum beachte:
Wenn du alles sagst, was wahr ist,
hält man dich für einen Aufschneider;
Wenn du aber sagst, was nicht wahr ist,
dann glaubt man dir alles. –
Wenn du zuwenig sagst,
sind die anderen misstrauisch;
Wenn du aber etwas zuviel redest,
giltst du als Schwätzer. –
Wenn du aber bloß darauf antwortest, worum man dich fragt,
heißt es, du wärest maulfaul;
Wenn du aber nur das erzählst, woran du dich erinnern willst,
dann kann dir gar nichts geschehen. –

Nur eins solltest du nicht tun:
anderen deine Erfahrungen vermitteln wollen,
denn darum schert sich doch keiner.
Und am Rande der Wahrheit erzählt,
ist noch lange nicht gelogen! –

Fragestunde:
»Herr Kapitän, welcher Unterschied besteht eigentlich zwischen Bremer Speckflagge und Bremer Speckaal?« – »Och, der ist ganz einfach zu erklären, das ist der gleiche Unterschied wie zwischen Aspik und Pik-As!«

Erkenntnis:
Daar hölpt dat wiss nix,
denn »wat mutt – dat mutt!«
Fohr liekers tau See,
un lach di kaputt!

Gorch Fock: Hamburg, Lübeck, Bremen

Hamburg, Lübeck, Bremen,
wi wöllt man eenen nehmen!
Stöt an, stöt an! Toerst op goden Wind
för all us Scheep, de buten sind!

Hamburg, Lübeck, Bremen,
wi wöllt noch eenen nehmen!
Kiek deep in't Glas bi Nummer twee:
dat drinkt wi op de deepe See!

Hamburg, Lübeck Bremen,
wi wüllt den drütten nehmen!
Staht op un böhrt de rechte Hand:
dat drinkt wi op us Waterkant!

Von:
Gorch Fock, eigentlich Hans Kinau,
geb. 22. 8. 1880, gef. 31. 5.1916 in der Skagerrakschlacht.
Verfasser des Romans »Seefahrt ist not!« (1913) und
niederdeutscher Erzählungen wie »Hein Godenwind« (1912)

Rudolf Kinau: Groote Foahrt

Man gliek no See mit vulle Plünn,
hier is keen Platz genoog.
Wat lacht de Wind, wat schient de Sünn,
wat reckt mien Mast sick hooch!

Mien Seil, dat is nich ganz sneewitt,
is brun un nix to groot.
Mien Schipp is ook man ring un lütt,
is ober stebig boot.

Dat is keen Kutter un keen Jacht,
dat is man'n lütten Kohn,
un doch: mien Kru, de kick un lacht
un singt, denn schallt't woll gohn.

Mien Kru, dat is blooß een Matroos,
un de hett lange Hoar
un hett'n Kleed an, licht un loos,
is eben achteihn Joahr.

De hett dat bannig good bi mi,
krigt keen slecht Wort to hürn.
Un sünd de Dampers all vörbi
un he kann ok mol stürn,

denn is de ganze Kohn vull Freid,
denn hebbt wi't Glück an Bord,
denn sitt wi Hand in Hand – hebbt beid:
Patent op groote Foahrt!

(aus: »Sünn in de Seils«, 1933)

Von:
Rudolf Kinau, geb. 23.3.1887, gest. 19.11.1975., Er war der Bruder von Jacob Kinau und Hans Kinau, schrieb humorvoll-realistische Erzählungen und Romane

Wenn't mol so recht to kehr geiht
un nix tosamen passt,
hol fast an dienen Gott di –
un hol ok fast an'n Mast!

Wenn Stormwind in't Gesicht di weiht
un allens schier koppheister geiht,
hol Oogen op un kloren Kurs,
sunst suupst du af un bist in'n Mors!

Bi Nacht op Wacht

Daar stünn ick midden in de Nacht
alleen op Brüch un holl de Wacht.
De Heimat liggt in wiete Fern,
an' n Heben blänkert mi ehr Stern.

De Seils wies nah de Wulken rap,
de Wellen rulln in sachten Loop,
un in de Wanten singt de Wind,
fragt of wi heel tofreden sind.

De Maand vergeet sien sülvern Licht,
un in mien Dröömen hett mi dücht:
So as de Mööw seilt över't Meer,
fleegt us Gedenken hen un her.

Nachtwache

Das helle Sternenzelt gibt Kunde
von fernster Welten fremden Bahnen.
Der Mond in seiner stillen Runde
taucht alles ringsum in ein Ahnen.

Es ist, als weckt sein gütig Walten,
sein silbern Leuchten, mildes Scheinen
geheimer Mächte fremd Gestalten.
Der Möwen Schrei klingt fast wie Weinen.

Du glaubst, dass sie dich nur verlachten.
Du suchst verträumt der Heimat Sterne
und kannst dein Sternbild lang betrachten,
die Lieben grüßend, die dir ferne.

Einer Seefahrt froh Gelingen

Einer Seefahrt froh Gelingen,
da bedarf es allerlei:
Frohsinn und vor allen Dingen,
dass der Magen schwindelfrei.

Ist das Wetter immer heiter,
immer sonnig, immer gut,
oh, dann steigt wie auf 'ner Leiter
unser Frohsinn, unser Mut.

Doch verfinstert sich die Sonne
und der Wind bläst ungestüm,
oh, wie sinkt dann alle Wonne
mit den grauen Wolken hin.

Steigt das Schiff bald in die Höhe
und bald taucht es in die Tief,
oh, wie wird es uns so wehe,
oh, wie hängt der Magen schief

Haben wir uns dann entlastet,
hat der Magen ausgeweint,
oh, so wird nun mal gefastet,
bis die Sonne wieder scheint.

Wird das Wetter wieder besser,
scheint die Sonne wieder hell,
oh, wie steigt auf seiner Leiter
unser Frohsinn wieder schnell.

(mündlich überliefert)

Probefahrt

Nur Männer – nicht zu hoch bejahrt,
die kommen mit auf Probefahrt;
ganz unbeweibt, wie sich's gebührt,
dieweil »nach See« die Reise führt.

Bei Erbsensuppe, Schnaps und Bier
erlebt man Hafen, Strom, Revier,
und außerhalb der Meilen schmeckt
bei Übergabe dann der Sekt.

Der Tag vergeht ganz unbeschwert:
»Schön ist es, wenn zur See man fährt!«
Man sieht so dies – beredet das
bei Männerwitz mit Durst und Spaß.

Probefahrt

Nach alter Seefahrts tradition haben Frauen seit eh und je nichts an Bord von Seeschiffen zu suchen und schon gar nicht auf der Übergabeprobefahrt eines Neubaus. Dem würden sie durch ihre Anwesenheit nur Unglück gebracht haben, glaubte man.

Als nun Franz Stapelfeldt (vonne »Akschen«, d.h. von der A.G. »Weser«-Werft) einmal bei Fisch-Lucie an ihrem Marktstand vorbeikam, wollte sie es aber doch genau wissen. Es würde ihr auch gefallen, bei solcher Gelegenheit einmal mitzufahren, denn sie sei schließlich doch wohl bekannt und berühmt genug. Er wehrte ihr Ansinnen auf Mitnahme mit der gebräuchlichen Ablehnung ab. Sie aber ließ das nicht gelten und erwiderte ihm: »Ick weet, Froenslüüd schalln darum nich mit, wieldat se nich öber de Reling pissen kunnen als de Mannsminschen. Dat schall ick Se woll wiesen, dat een Fro ok öber de Kant miegen kann, mutt bloots een von achtern düchtig fastpicken. Dann geiht't!« – Half aber doch nicht.

Schiffssirene: Im Hafen und Revier soll möglichst nicht »getutet« werden. Wenn aber oben auf der Brücke dann doch mal am Seilzug der Dampfpfeife gezogen wird, dann ertönt auf der »STETTIN« ein erschrecklich lautstarkes Signal, das die Passagiere zusammenfahren lässt. Aus dem Lautsprecher ertönt dazu die Erklärung des Fahrtenleiters: »Das war eben der Brunftschrei des Kapitäns!«

Käppen Bruns

Er sollte, wenn er »nach Stadt zu geht«, zum Mittagessen vom Markt Schellfisch mitbringen und steuerte auf Lucies Stand zu. Natürlich juckte es ihn wieder einmal, sie ein wenig zu pieksen. So nahm er einen besonders großen Fisch in die Hand und hielt sich den Fischkopf vors Gesicht. Lucie: »Wat snupperst du an mien Fisch? Du bist keen Köter!« –

Bruns: »Lucie, wees still! Ick will mit em snacken un em fragen, wat Weer buten is. Un he meen: Weet nicht, vörige Week weer't moi!«

Das dann folgende Unwetter veranlasste ihn, schnellstens mit Brassfahrt abzulaufen – ohne Fisch.

An der Nordseeküste

Der Seemann wär durstig, wird oftmals geklagt,
und Seefahrt sei lustig, wird immer gesagt.
Vom Wasser alleine kommt das wohl nicht her,
erst kräftig gesalzen wird Wasser zum Meer.

Die Galionsdame mit herrlicher Brust
trotzt härtesten Stürmen. Das ist Seemannslust.
Ihr männliches Abbild schaut grimmig meist drein;
als Strandläufer könnt der ein Seh-Löwe sein.

Ne Nixe zu angeln, das fällt furchtbar schwer,
Fanggründe sind davon so lange schon leer.
Ein Liebchen im Hafen hat schnell er im Griff;
die weiß doch, wo's langgeht, die macht es mit Pfiff.

Weltmeere gibt's sieben, sie alle sind schön.
Ein richtiger Seemann hat alle gesehn. –
Und gibt ihm die Seefahrt mal wirklich den Rest,
belegt er zu Hause die Leinen ganz fest.

Unglaubliche Dinge sind ihm doch passiert,
gefährliche Kämpfe hat er voll pariert. –
Doch wenn dann die Mutti den Finger erhebt,
gesteht er, dass – ehrlich – er's fast so erlebt.

An der Nordseeküste, da kenn ich mich aus,
da lässt es sich leben, da bin ich zu Haus!

Die Postboje

Klingt wie eine unglaubliche Geschichte und ist doch wahr: Dem unwissenden Neuling an Bord, dem Moses, wird gleich auf der ersten Reise gesagt, nachdem das Schiff aus dem letzten Kontinenthafen ausgelaufen ist und nach einem Kurs »längs der Küste« auf den großen Törn »quer über den Teich« gehen soll, noch schnell einmal Post für zu Hause zu schreiben. So ein bisschen geheimnisvoll wird dabei schon operiert. Auf seine schüchterne Frage, wie das denn weiter funktioniert, erhält er nur die lakonische Antwort: »Geht mit der Postboje ab!« – »Kannst schon erkennen, da ganz vorn!« –

Die Postboje aber ist nun mal kein »Briefkasten auf See«, aber auch keine Fantasie-Erfindung, sondern sie ist eine jener sonderbaren Seefahrt-Realitäten, von denen »de armen Lüüd an Land« gar keine Vorstellung haben können. So muss der unerfahrene Decksjunge das wohl glauben, denn alle seine »Makkers« sind schon fleißig am schreiben, obwohl er immer noch nicht weiß, wie das ganze Manöver nun tatsächlich funktionieren soll. Der »Schmadding«, was der Bootsmann ist, hat zusammen mit einem der »Flurplatten-Indianer«, wie die Maschinen-»Assis« genannt werden, inzwischen tatsächlich so eine Art Boje aus einer leeren Schmieröldose gebastelt, an der sich ein angelöteter Fahnenstock befindet mit einem Wimpel oben an, auf dem ein Posthorn aufgemalt ist.

Die eingesammelten Briefschaften werden in einem Plastikbeutel wasserdicht verpackt unter Hinzufügung einiger Dollarnoten in Ermangelung der erforderlichen Briefmarken. Als Bodengewicht kommen noch eine natürlich volle – Whiskyflasche und eine Stange Zigaretten als »Finderlohn« mit in den Behälter hinein und ein freundlicher Gruß an den Finder mit der Bitte um Weiterbeförderung. Dann wird die Büchse sorgsam abgedichtet und wirklich als Boje mit einem kräftigen »Let go!« dem feuchten Element übergeben und ihrem Schicksal überlassen. – Meistens sind es Fischersleute, die das ominöse »Fundstück« aufnehmen – und es tatsächlich wie erbeten behandeln. Seeleute haben überall in der Welt Sinn für Humor und Verständnis für witzige Einfälle. So ist es kein Wunder, dass die Post irgendwann tatsächlich ankommt, sondern wirklich eine der vielen Absonderlichkeiten, welche die Seefahrt bietet. – Wer es nicht glaubt, muss einen Grog extra ausgeben.

Äquator-Taufe

Nun ist es an der Zeit,
drum Freunde seid bereit:
Die Linie ist passiert;
der Täufling ist rasiert,
gesalbt, geölt, getaucht –
so, wie's der Seemann braucht.
Er hat sich brav verneigt
und Mannesmut gezeigt;
zum Lohne spenden wir
für alle ein Fass Bier.
Nach außenbords auch muss
ein Schluck Neptun zum Gruß;
er zähmt der Wellen Wut
und meint es mit uns gut!

Wolken

Hoch am Himmel Wolken fliegen,
ziehen stetig ruhlos weiter
über Länder, Meere, Welten.
Rastlos durch der Winde Wirken
eilend sie vorüberwandern.

Diese leichten zarten Formen,
die wie hingehaucht zerfließen
und aus Nichts zu neu Gestalten
sich verweben, oh, sie gleichen
unserm Denken, und sie nehmen
die Gedanken wie auf Schwingen
mit sich fort.

Wünsche, Bangen, Hoffen, Sehnen,
der Gedanken stilles Wirken,
sie durchwandern gleich den Wolken
und mit ihnen Raum und Zeit …
Doch das Ziel liegt in der Ferne.

Ist alles die reine Wahrheit!

... sagt Käppen Möhlenbeck

Ein Seemann sagt nur »Wahrheit pur«,
soll er von Großer Fahrt berichten;
von »lögenhaftig« keine Spur,
denn »selbsterlebt« sind die Geschichten.

Doch wenn was schier unglaublich klingt,
»da kann ein'n gaanich över lachen!«,
was er mit Mut und List vollbringt,
das sind schon wirklich tolle Sachen.

Nur wenn es gar unmöglich war
und ist's als »Story« nicht zu bringen,
dann lässt sich's doch noch wunderbar
vom »Schipperchor« als »Shanty« singen.

Der Jantje und der Kapitän
verholen sich »mit Smustergrienen«,
wenn sie beim Grog »vor Anker gehn«,
an Land noch so der Seefahrt dienen.

»Seemannslatein«, das gibt es nicht,
doch kennen sie saugrobe Flüche,
verziehen auch die Mienen nicht,
wenn es mal geht um »kluge Sprüche«.

Das hört sich allzu nüchtern an,
sich kurz und sachlich auszudrücken;
drum haben sie was zugetan,
die Wahrheit 'n »büschen auszuschmücken« ...

Käppen Brass

gilt für den Urtyp des Seemannes, der als »master next god« Großsegler »um die Hörn« (um Kap Hoorn) gefahren hat und der so viele Geschichten aus seiner Fahrenszeit zu erzählen weiß. Dass diese Art von Seegeschichten nicht ausstirbt, darum bemüht sich einer unserer zeitgenössischen Schriftsteller ganz besonders mit der achtersinnigen Figur des »Käppen Möhlenbeck«. – (Gerd Lüpke)

Übrigens: Ein Kapitän hat ein Schiff gefahren, aber der Seemann ist auf einem Schiff gefahren; das ist eben einer der feinen Unterschiede der Seemanns-Sprache.

Begrüßung: So lautet ein alter Marinespruch:
»Alles, was sich bewegt, wird gegrüßt, und alles, was sich nicht bewegt, das wird gepönt!« (Pönen ist Malen.)

Sei sünd doch all daar!

Af un an gifft dat mal so'n Kamin-Abend mit Autoren-Lesung. So weer Gerd Lüpke alias »Käppen Möhlenbeck« inlood, in't Nedderdütsch Institut in'n Snoor wat vörtodrägen. Un wiel he eerst »van butendörps« anreisen mutt, keem he denn ok grod so ehm unt ehm mit de Tied torecht. He weer schon ganz ut de Puust.

De Tauhörers tööwden all , un de littje Room weer meist proppenvull. Mang de Gäst daar seet een, de harr bannig veel Ähnlichkeit mit em; so von't Oller un de Figürlichkeit un ok von de Grötde her. De harr ok so'n witten Boort rund um de Snuut un akkrat so'n groode Brill op de Nääs. Just as de goode Gerd inträen däh, keem de Huusdaam von't Institut de Trepp daal un keek ganz benaut, wenn he ehr begröten wull: »Sei sünd doch all daar!« un wiesde op een breeden Puckel mang de Gäst, wo ick mien Plaats harr.

»Jo«, sah Gerd Lüpke, »den kenn ick best, dat is mien Broder Ernst. Süht doch just so ut as ick, blots vördrägen kann ick wat beter!« – Un so weert …

ER und SIE – nach eigenen Maschen

Leichtverständliche »Kleine Knoten-Kunde«

ER kennt sich gut aus in »Leinen und Schoten«,
macht alles ganz fest mit »Splissen und Knoten«;
das »laufende Gut« wird stramm vertäut –
mit »Seemannsgarn« oft die Party erfreut!

Ein »Strickmuster« kann SIE nicht überraschen,
denn sie macht es nur mit »Knütten und Maschen«;
nach »Lauflänge« wird ihr Garn ausgewählt –
als »Maschenprobe« genau ausgezählt!

Dem Regen trotzt ER mit »Öljack und -hose«,
bei strammem Wind heißt's »Hol durch die Lose!«;
und »stehn alle Plünnen«, schmunzelt er bloß –
bei »Mützenwetter« ist gar nichts los!

SIE aber trägt nur »Selbstgestricktes«,
denn bei rechter »Nadelstärke« da glückt es;
ist was bunt geflickt, wird's »Patchwork« genannt
und gegen Wind hat sie 'n »Haarnetz« zur Hand!

Zum festen Halt braucht ER »Kauschen und Schäkel«,
ein »Weiberknoten« verursacht ihm Ekel;
der »doppelte Schlag« kommt gleich zweimal dran
weil er »beim Smutje auch nachfassen« kann!

SIE bringt's zusammen mit »Haken und Ösen«,
so kann problemlos der Mann es auch lösen;
als »Blickpunkt gedoppelt« ihm gut gefällt,
was sie im Pulli als »Päckchen« vorstellt.

Mal mit einem richtigen Dampfer fahren

Die Jungen träumen davon, und die Alten täten es gern einmal wieder. Wann immer Fahrensleute zusammentreffen und von früheren Bordzeiten reden und dann dabei noch auf alte Dampferfahrtzeiten zu sprechen kommen, dann leuchten ihre Augen, und in der Erinnerung wird eine Zeit wieder wach, die weit von aller Hektik ist. Und je weiter die Zeit zurückliegt, um so schöner ist die gute, alte Dampferzeit gewesen. Genau so fühlt man sich miteinander verbunden, wenn man in Behörden und Ämtern vorspricht, um für einen den Hafen besuchenden alten Dampfer die Liegeplatzmöglichkeiten zu besprechen.

Wenn dort an Land gebliebene Fahrensleute sitzen, ist es, als ob man mit dem Stichwort »Dampfer« direkt durch offene Türen rennt. Und wenn es dann noch solch ein Prachtstück wie der Museumsdampfer »STETTIN« ist, dann gibt das schon einigen Anlass zum Schwärmen. Klar, dass geholfen wird; schnell, wirksam und unbürokratisch, eben so, wie alte Freunde einander in selbstverständlicher Verbundenheit gegenübertreten und füreinander da sind. Beschreiben kann man das nicht, warum das so ist. Diese Einstellung gehört einfach zur Wesensart des rechten Seemannes, auch wenn er inzwischen an Land Dienst tut.

Und da werden Presse und sogar Rundfunk und Fernsehen genau so mobil und munter, um etwas von dieser besonderen Hafenstimmung einzufangen. Endlich ist es soweit, da kommt er:

Breit und wuchtig schiebt er ins Hafenbecken hinein, so richtig im Stile: Kiek an, dor bün ick! – Aus dem dicken Schornstein kommen Rauch und Dampf, so als ob ein mit sich und der Welt zufriedener Opa genüsslich sein Pfeifchen schmaucht. Immer näher kommt er dem Ponton. Was ist das doch für ein schöner altmodischer »Holschen«! Ja, fürwahr ein »richtiger Dampfer« aus einer Zeit, als noch ein wuchtiger Schornstein die Silhouette eines Schiffes bestimmte.

Die ruhig laufende Dampfmaschine erlaubt ein glattes Anlegemanöver, »weich wie Butter und sanft wie ein Kinderpopo!« Den Maschinentelegrafen einmal kurz angetippt und sofort auf Null zurück, das gibt nur einen kleinen Schub, meterweise wenn's sein muss.

An Deck steht alles parat: »Lass fallen Backbord-Anker« und »Vorleine an Land!«, damit wird die Fahrt aufgestoppt, das Schiff gedreht oder »einfach beigeklappt«, und es werden die Leinen im schnellen und sicheren Zugriff belegt. Und der »Master« oben auf der Brücke meint dazu nur: »Ja, gewusst wie – und auch gekonnt!« – Und das ganze Manöver ohne Schlepper.

»Kaptein, seid herzlich begrüßt hier bei uns im Hafen!«, so kommt man freudig aufeinander zu. Schon am nächsten Morgen verabschiedet man sich wieder mit »dreimal lang«, so wie man es seit eh und je getan hat. Wer heute mitfährt, der darf sich auf eine ruhige Reise freuen.

Soviel Licht war unerwünscht

»Und die einen stehn im Dunkel, und die andern stehn im Licht« ..., so heißt es in Bert Brechts Dreigroschenoper. – Wenn der kohlebefeuerte Dampf-Eisbrecher »STETTIN«, dieses liebenswerte technische Kulturdenkmal, als seegehendes Museumsschiff alle Seehäfen zwischen Travemünde und Emden in seinen Tages-Charter- und Gästefahrten anläuft, »zeigt er Flagge« besonderer Art, nämlich einen weißen Eisbären auf blauem Grund, die Eisbrecher-Traditionsflagge. So kreuzt der Dampfer durch die Ostsee und die Deutsche Bucht und wird überall freudig begrüßt, so wie er selbst auch traditionsecht grüßt mit röhrendem Typhon und schriller Dampfjaule. Und meistens erhält er einen bevorzugten Liegeplatz, an dem er für Besucher und Schaulustige gut zu erreichen ist, in Stadtnähe und im Hafenbereich. Solch Liegeplatz reizt zuweilen auch zu besonderer Betätigung der Besatzung, wie eines Sommertags in Kiel am Sartorikai.

Original ist die technische Ausstattung, ganz wie damals zu Beginn der dreißiger Jahre. Doch absolut originell im allerbesten Sinne des Wortes ist die Zusammensetzung der Besatzung, die alle aus Freude am echten Dampfbetrieb »zum Nulltarif« fahren und dafür gern Freizeit und Urlaub opfern. Ihr Ehrgeiz ist, alles an Bord topfit zu erhalten, und sie haben ihre Freude daran, alle Funktionen auch wirklich in der Praxis zu benutzen. Der große Scheinwerfer auf dem Peildeck hat bei dieser neuen Einsatzart noch nicht eingeschaltet werden müssen. Ob er wohl funktioniert? – Das fragten sich Eberhard, der Elektriker, und Richard, der als Decksmann fahrende Elektroingenieur. »Wollen wir mal?« – – – Zum Erstaunen der zu spätabendlicher Stunde zum Klönschnack an Deck sitzenden Besatzung flammte plötzlich über ihnen im Scheinwerferspiegel ein Lichtbogen auf. Nach entsprechendem Einspiel hatten die beiden schon bald die richtige Kohlestabsteuerung herausgefummelt, und der Scheinwerfer gab sein volles Licht her. Der hatte aber eine Leuchtkraft! Nun sollte er aber auch beweisen, was damit möglich ist. Bis hinüber auf die andere Fördeseite zur Howaldtwerft langte der weiße Finger, und dann schwenkte der Lichtkegel zur Stadtseite und hoch hinauf in die nächste Kirchturmspitze. Alle verfolgten das mit gespannter Aufmerksamkeit und freuten sich darüber, als der Bootsmann Heinz von hinten voll angestrahlt wurde, während er gerade zur Telefonzelle ging. Doch dann erfasste die beiden der Übermut, und der Scheinwerferstrahl suchte sich zielsicher das naheliegende Etablissementshaus. Ganz langsam wanderte das gleißende Licht vom Mansardengeschoss Fenster für Fenster die vier Etagen des Hauses hinab, bis er schließlich unten in der »Schaufenster-Auslage« der Bordellwirtschaft anhielt.

Hei, was sind die »Damen« gesprungen und geflitzt, denn soviel Helligkeit passte doch gar nicht zu ihrem Rot-Licht-Gewerbe. Auch fühlten sich einige ihrer Besucher offenbar aufgeschreckt. Das hatte es dort noch niemals gegeben, dass der »Puff voll ausgeleuchtet« wurde. – Der Suchscheinwerfer hatte seinen Test bestanden, und »das freut ein'n denn ja auch«.

Evolution of knowledge

A »Captain« is said to be a man who knows a great deal about very little and goes along knowing more and more about less and less ... until finally he knows practically everything about nothing.

An »Engineer« on the other hand is a man who knows very little about a great deal and keeps knowing less and less about more and more ... until he knows practically nothing about everything.

An »Agent« or an »Owner« starts out knowing practically everything about everything ... but winds up knowing nothing about everything due to his association with captains and engineers.

Klare Wissensdefinition
Der »Käppen« (Diplom-Nautiker), sagt man, wäre einer, der glaubt sehr viel über sehr wenig zu wissen und bei dem es darauf hinausläuft, dass er mehr und mehr über immer weniger weiß ... bis er schließlich praktisch alles über gar nichts mehr weiß.

Der »Chief« (Schiffsbetriebs-Ingenieur), sagt man, ist andererseits einer, dessen Wissen mit nur sehr wenig über sehr viel beginnt und bei dem die Entwicklung dahin geht, fortschreitend weniger über alles mögliche zu wissen ... bis er zum Schluss überhaupt nichts mehr über alles weiß.

Der »Broker« (Schiffsmakler) startet seine Tätigkeit mit einer umfassenden Kenntnis über praktisch alles, aber verliert letztlich all sein Wissen, bis er gar nichts genaues mehr weiß ... aufgrund seiner ständigen Kontakte zu Kapitänen und Ingenieuren.

Bordkabbelei: Chief: »Ihr Seeleute habt noch nie was heil gelassen. Ihr macht nur immer alles kaputt!«

Käppen: »Inne Fixigkeit sind die mich immer voraus, aber inne Richtigkeit bin ich sie doch bannig über!«

Mit vollen Segeln

Die »SAIL« ist das Ereignis des Jahres für alle Seebegeisterten und »an der Küste« überhaupt. Ein fürwahr unvergessliches Bild ist es, wenn die Großsegler und auch die »Oldtimer« in Kiellinie zur Außenweser hin paradieren.

Wer einmal auf solch einem Clipper mitgefahren ist, dem tat sich, wenn er nur richtig hineinhorchte, eine Fülle von neuen Geräuschen auf. Dem Bremer Ausbildungs-Clipper »SEUTE DEERN« sind diese Verse gewidmet:

Was ist des CLIPPERS ganzer Stolz?
Ne »SEUTE DEERN« aus gutem Holz!
Die quietscht erbärmlich und da knarrt's,
es klopft entsetzlich und dort quarrt's;
da heult es grauslich und es klappert,
es scheppert, klickert und es knattert,
es gluckert ständig und es rauscht.
Sie ist 'ne Lady, die sich bauscht,
sie wimmert leise und sie lacht,
bis gleich darauf es wieder kracht.
Es pulscht auch wohl, wenn man sie schüttelt,
sie schnulzt, wenn man sie kräftig rüttelt.
Sie gibt sich nach Nereiden-Art
und zaust Gott Neptun zart am Bart.
Das ist's, drum haben wir sie gern.
Es ist doch wahr: SEUT IS DIE DEERN!

Shanties sind wieder »in«

Bei Musik- und Folklore-Veranstaltungen »an der Küste«, also oben in Norddeutschland, gehören immer wieder Shanties dazu. Die Zahl der entweder in blauweiß gestreiften Seemannshemden oder im marineblauen »Buscherundje« auftretenden Seemanns-Chöre ist in den letzten Jahren ziemlich angestiegen. Sie pflegen das überkommene Liedgut der Arbeitslieder der Seeleute aus den alten Windjammerzeiten. Die Shanties waren Wechselgesänge, die zu den einzelnen Arbeitsgängen auch unterschiedlichen Takt hatten, um dann im Refrain immer die gewünschte Anstrengung z.B. beim Einholen von Ankergeschirr oder Durchholen von Leinen zu bewirken. So ist es wohl auch immer wieder geschehen, dass die Vorsänger (Shantymen) sich ihre eigenen Texte einfallen ließen, auf die Eigenart ihres Schiffes oder ihrer Crew abgestimmt. Oder aber

sie beschrieben darin besondere Erlebnisse, überstandende Gefahren oder auch unerfüllte Wünsche bei nächsten Landerlebnissen.

Auch heutzutage wird fleißig geschippert. Sogar »klippern« gehört zum Angebot, als Schnuppererlebnis und als echter Segeltörn. Ob sie sich dabei noch eigene Lieder machen? Ich meine, ja. Denn wenn die Freiwache an Deck oder im Luk zusammensitzt, kommt schon diese Stimmung auf, in der dann ein »bordeigener« Song entsteht. Hier ist so ein modernes Beispiel:

Fragt nicht, warum!?

Immer nur segeln
nach Kunst und Regeln
ganz hart am Wind.

Ob Stürme blasen
und Wellen rasen,
wir sind geschwind.

Acht Glas besingen,
Shanties erklingen,
das bringt uns Freud.

Kreuzen und schippern,
vorm Winde klippern:
Die See ist so weit.

Wenn Wolken fliegen,
Möwen sich wiegen
um uns herum.

Geschundene Hände
und Spaß ohne Ende
fragt nicht, warum!?

Don't ask us why!?

Sailing but sailing
and never failing
courses and plot.

If storms are grasping,
waves high casting,
crews are on spot.

So glasses ringing
and shanties singing,
shippers have fun.

Cruising and gliding,
racing and sliding:
Sails in the sun.

When clouds are flying
and seabirds crying,
sailors feel high.

Stressy or labour,
funny or favour?
don't ask us why!?

Clipper-Song – with »mixed Crew«

Clipper fährt um die Kanaren,
dreißig ziehn an einem Strang;
hat die Inseln abgefahren
nur der Sprit hat nicht gelangt.

Schlapp die Segel, schlapp die Männer,
doch der Bordhund ist mobil;
auf der Wache lauter Penner,
und das Schwein, das rollt im Kiel.

Viele Tage wird geklippert,
unser Käppen weiß genau,
wo es hingeht, wie er schippert
nur der Kurs ist superflau.

Sehn wir uns noch einmal wieder
voll Humor und Lebensmut,
singen wir die alten Lieder:
denn zur See fahr'n, das tut gut.

Wer dann noch zur See mag fahren,
hat ne Meise, hat nen Tick;
denn nicht nur in jungen Jahren
gilt die Seefahrt noch als schick.

nomen est omen

Namen haben ihre Bedeutung, auch wenn der Ursprung später manchmal nur noch schwer zu ergründen ist. Mit den Schiffsnamen hat es dabei noch eine besondere Bewandtnis. Entweder bestehen seitens des Eigners besondere persönliche Beziehungen zu dem Fahrzeug, das dann einen ihm liebwerten Namen erhält, oder er will über die Namensgebung irgendwelchen besonderen persönlichen oder geschäftlichen Verbundenheiten einen sichtbaren Ausdruck verleihen.

So ist es zumeist üblich, wenn eine Serie von Schiffen in Auftrag gegeben wird, miteinander im Zusammenhang stehende Namen auszuwählen. Darin hat jede Reederei ihren eigenen Stil. Manche nehmen dafür Städte- oder Ländernamen, andere wählen Burgen oder Klassiker; ebenso beliebt ist es, einen Namensausflug in die Mythologie zu machen. Meist aber wird eine namentliche Zuordnung in der Form angestrebt, dass Schiffsname und Reedereiname zu einer gedanklichen Einheit werden. Dennoch ergeben sich häufig wieder abweichende Schnörkel, wenn aus besonderen Geschäftsverbindungen heraus zu speziellen Namen gegriffen wird.

Der Mann im Hafen, der im Ladungsbetrieb im Laufe der Woche auf mehreren Schiffen zu tun hat, macht sich verständlicherweise nur wenig Gedanken über die jeweilige Namensbedeutung. Für ihn muss der Schiffsname einfach nur einprägsam sein. Fremdsprachliche Namen werden dabei klanglich eingedeutscht. Und ansonsten ergeben sich zuweilen amüsante Namensänderungen: Aus »MARS« wird plattdeutsch »Mors« und aus der griechischen Muse der erzählenden Dichtung »KALLIOPE« wird im Hafenjargon zu »KALLI AFFE« – Der legendäre Helgolanddampfer »ROLAND VON BREMEN« war in seiner Stabilitätslage reichlich rank und neigte deshalb dazu, bei Seegang sehr heftig zu rollen, was bei den »Paschieren« (Passagieren) entsprechendes Unbehagen verursachte. Deshalb hieß er bei den Inselfahrern auch nur der »ROLLAND«.

So gilt grundsätzlich für den allgemeinen Seefahrts-Sprachgebrauch, dass ein Schiff als Geschlecht immer weiblich ist, auch bei noch so männlichen Namen. Also, es heißt im Hafen und an Bord: »die NEPTUN« und »die ZEUS«, obwohl beide typisch männliche Gestalten der Götterwelt sind. Auch im Englischen heißt es: »A vessel is she!«

So könnte noch viel über die Liebe des Seemanns zu seinem Schiff gesagt werden, auch wenn sehr kluge Leute das in wohlklingenden Worten und tiefschürfenden Untersuchungen schon ausreichend getan haben. Die geschlechtliche Zuordnung ist von den (Charakter-)Eigenschaften her doch schon selbstverständlich:

- Ein Schiff ist teuer und kostenaufwändig,
- es hat Launen und Mucken und ist nicht immer leicht zu steuern,
- es zeigt erstaunliche und unerwartete Eigenschaften,
- es benötigt viel Aufmachung durch Farbe und Spritzmittel,
- es verbraucht viel teuren Treibstoff und wirkungsvolle Zusätze,
- es sieht bei entsprechender Pflege auch im Alter noch taufrisch aus,
- es wiegt sich tänzerisch in den Wellen,
- es will gepflegt und umsorgt werden,
- es benötigt einen erfahrenen Meister und viele Männer,
- es kommt mit Brassfahrt angebraust und schlägt viel Wellen, und
- es erfreut des Mannes Auge und Herz.

Wenn das keine Liebeserklärung ist, dann würde es keine Erklärung für die Weiblichkeit eines Schiffes geben. Das muss auch ein Herr von Bismarck sich gefallen lassen. Als Schiff heißt er »die« und nur als Heringszubereitung wird er zum »der«.

Übrigens wurde der uralte Disput über die richtige Aussprache altgriechischer Namen, ob es z.B. kurz »ZEUS« oder etwa ganz gedehnt »ZE-US« heißt, von einem gewichtigen Bayern in drakonischer Eindeutigkeit entschieden. Er erklärte kurz und knapp: Es kann wirklich nur »ZEUS« heißen, denn man spricht doch auch nicht vom »Pre-uß«, sondern immer nur vom »Sau-PREUSS«. Der muss es ja wohl wissen, da kann man halt nichts machen. –

Zum Schluss aber noch eine beruhigende Betrachtung: Weibliche Glücksbringer hat es in der Seefahrt immer gegeben, nämlich die stattlichen Galionsfiguren, die früher den Steven eines Seglers zierten. Die sollten Schiff und Besatzung schützen, und so waren sie schon seit jeher diejenigen, die sich immer zuerst die Nase stießen. Nur die alten Römer hatten auf ihren Galeeren statt dessen einen Rammsteven, um den Gegner abzubuddeln.

Schiffstypen:

Wenn an Bord immer »alles in Butter ist«, dann wird daraus noch lange kein »Butterdampfer«.

Dampf-Eisbrecher ist schon etwas Besonderes. Er fährt mit Dampf durchs Eis. Doch wo gibt es schon »Dampf-Eis«?

Dass manchmal eine große Klappe auch ein Vorteil sein kann, das sieht man deutlich am Ro-Ro-Schiff.

Sonntagssegler unterscheiden sich von wirklichen Schippern durch ihre Untersätze als segelnde Hostalen-Schüsseln und Mahagoni-Segler.

Seemanns-Familie

Unser Vater kennt sich aus
auf allen sieben Meeren;
auf ihn warten brav zu Haus
die Mutter und die Gören.

Müssen schön geduldig sein,
denn das Warten lernten wir;
läuft sein Schiff in Bremen ein,
stehn wir alle an der Pier.

Hund und Katze balgen rum,
stell' n die Bude auf den Kopf;
Opa lacht sich schief und krumm,
hält sich fest am Kaffeetopf.

Oma hett sien Priem mol funn'n,
kaut em döör un sluckt em daal;
hör mal tau: Se föhlt upstunn
sick to Huus as Admiral!

Kommst du, ist die Freude groß;
klar, dann geht's mal richtig rund;
doch schon bald geht's wieder los,
und es schlägt die Abschiedsstund.

Leinen los! Das Schiff legt ab,
ach, wir führ'n so gern mit raus;
heimwärts geht's im Zuckeltrab.
Bring was Schönes mit nach Haus!

Unser Vater fährt dahin,
kann per Funk uns hören;
auf ihn warten weiterhin
die Mutter und die Gören.

Jung un Deern

So ein rechter Bremer Jung
ist voll Mutterwitz und Schwung,
hat an Streichen seinen Spaß
und auf ihn, da ist Verlass!

So ein Bremer Butjer will
immer stromern, sitzt nie still,
findet alles richtig raus,
kennt sich immer bestens aus.

Eine echte Bremer Deern
mögen wirklich alle gern;
sie ist kess und gar nicht scheu,
sehr beständig, lieb und treu.

Ja, ein Bremer Mädchen ist
ganz behutsam, wenn es küsst;
es schmiegt sich gern zärtlich an,
da ist wirklich alles dran.

... bleibt Bremen stets ihr Ziel ...

Bremer Jungs, de sind op Kien,
wo de henhaut, mokt dat »wumm«;
Bremer Deerns sind seut un fien,
de verkofft een nich för dumm.

Die Bremer Deern, der Bremer Jung
sind ehrlich von Natur.
Sie haben Pep und haben Schwung,
sind pfiffig, treu – und stur.

Bremer Kinner weet genau,
wat se moken – wat se wulln,
weet wo't langgeiht, se sind schlau –
blots se mokt nich wat se schulln.

Zieht's weit sie in die Welt hinaus
und sehn sie noch so viel,
bleibt Weserstrand doch ihr Zuhaus,
bleibt Bremen stets ihr Ziel.

Bremer Seelüd drägt nen Bart,
sind as Jantjes moi bekannt –
dat noch Bremer Scheepen fahrt,
is fast so wie Wunnerland.

An Bord spukt der Klabautermann,
zu Haus macht Opa das.
Weil Oma das nicht leiden kann,
bringt's Kindern doppelt Spaß.

Gifft an Burd mol Brunen Kohl,
mutt de Bremer Speckflagg weihn.
Daarvör sorgen alltomol
Käppen Brass un Smutje Hein.

Zum Schabernack sind sie bereit
aus Jux und Dollerei.
Beim kleinen Spaß zur rechten Zeit
sind immer sie dabei.

Wat wi wünscht, heet kort un klar:
Goden Wind in Ost un West;
wat wi wünscht is echt un wahr:
Gode Reis – un Bremen best!

Sicher an Anker liegen …

»Marine-Stil« in der Kleidung und »Nautiquitäten«, also seemännische Antiquitäten als Wohnungsschmuck, das ist die moderne Seeverbundenheit der Deutschen und soll hier keineswegs als Albernheit verdammt werden. Steuerrad und Anker finden heutzutage vielerlei Anwendung im Rückbesinnen auf Sinnbild, Symbolik und als Glücksbringer. Was in der christlichen Seefahrt zum täglichen Anfassen gehört, wird so zum fassbaren Kennzeichen, zum Schmuck und Talisman …

So ist es denn wohl erlaubt, über den Sinngehalt ein wenig nachzudenken, der gerade beim Anker doch recht tiefgehend ist. – Wenn auch in der Heiligen Schrift viel über das Kreuz für den Glauben und das Herz für die Liebe steht, so ist ansonsten der Bezug auf den Anker doch recht mager. Aber es findet sich etwas: Den »Anker der Hoffnung« als Ausdruck des Vertrauens finden wir schon im Hebräerbrief 7. Und der »Anker der Rettung« wird in der Apostelgeschichte 27 beschrieben. So steht es in der Bibel: Hebr. … halten an der angebotenen Hoffnung, welche wir haben als einen sicheren und festen Anker unserer Seele …

Dieser Satz hat den Dichter Johann Andreas Rothe (1688–1750) zu einem Gedicht veranlasst, das 1738 als Kirchenlied vertont wurde: »Ich habe nun den Grund gefunden, der meinen Anker ewig hält … der Grund, der unbeweglich steht, wenn Erd und Himmel untergeht!«

Die Apostelgeschichte bringt im 27. Kapitel die »klassische« Beschreibung einer gefahrenreichen Seereise mit Schiffbruch und Rettung vor 2000 Jahren. Schon darin wird einiges über den Gebrauch des Ankers gesagt: »… Da aber die vierzehnte Nacht kam, dass wir im Adria-Meer fuhren, um die Mitternacht, wähnten die Seeleute, sie kämen etwa an ein Land. – Und so senkten sie den Bleiwurf ein und fanden zwanzig Klafter tief; und über ein wenig davon fanden fünfzehn Klafter. [Klafter = altes Längenmaß zwischen 1,7 und 2,5 Meter]

Da fürchteten sie sich, sie würden an harte Orte anstoßen, und warfen hinten vom Schiffe vier Anker und wünschten, dass es Tag würde. – Da aber die Schiffsleute die Flucht suchten aus dem Schiffe und den Kahn niederließen in das Meer und gaben vor, sie wollten die Anker vorn aus dem Schiff lassen, … da hieben die Kriegsknechte die Stricke ab von dem Kahn und ließen sie fallen. [Und weiter heißt es.]

… Und sie hieben die Anker ab und ließen sie dem Meer, lösten zugleich die Bande der Steuerruder auf und richteten das Segel nach dem Winde und trachteten nach dem Ufer …« So kamen sie denn alle glücklich an Land.

So ist denn in der christlichen Seefahrt und für den Fahrensmann der Anker immer der Inbegriff des Festhaltens gewesen und geblieben. Über seinen Sinngehalt als Bedeutung von Kraft hat es wohl nie einen Zweifel gegeben, in jeglicher Auslegung des Wortes. – Und nimmt auch die weitere Anwendung nicht wunder.

Doch was ist nun der Anker wirklich?

Um das zu erklären, muss zuerst schon der Griff ins Lexikon sein:

1. Der Anker ist eine meist hakenförmige Vorrichtung zum Halten des Schiffes am Grund. Seine Haltekraft wird durch Eingraben in den Gewässergrund bewirkt und durch Ankerkette oder Ankertau auf das Schiff übertragen.

Nach der Form werden als wichtigste und bekannteste unterschieden:

a) Stock- oder Admiralitätsanker und Trotman-Anker; alle mit dem oben querstehenden Stock und in seiner klaren Grundstruktur mit unten zwei festen Armen (»Flunken«),
b) Draggenanker mit vier oder sechs Armen, bzw. in der kleineren Form als Warpanker, die auch als Suchanker eingesetzt werden,
c) Patentanker wie Hall-Anker, Gruson-Anker, Speek-Anker und Klipp-Anker mit dem beweglichen Joch mit zwei »Flunken«,
d) Pilz-Anker mit den schaufelförmigen Armen oder als Schild-Anker mit der einteiligen Schaufelschale,

e) Treibanker aus Persenningtuch in Form eines trichterförmigen Sackes zum Richtunghalten.

Doch auch in Technik und Bauwesen wird der Begriff Anker vielfach verwendet, immer in der Bedeutung für Zusammenhalt, Sicherheit und Stabilität. So

2. im Maschinenbau die Eisenstangen zum Zusammenhalten von Maschinenteilen; aber auch von Mauerwerk und Balken. Dabei wird der Anker zum »Zuganker«.
3. In der Mechanik ist er ein Stück Eisen, das durch die Kraft seines Magneten in Drehung gerät, und das Teilstück eines Elektromotors, wo der Strom aus dem Magnetfeld heraus für den Drehantrieb sorgt.
4. Ebenso bekannt ist, dass in der Ankeruhr die Unruhe vom Anker gesteuert wird, wenn das Steigrad in das federgezogene Uhrwerk eingreift und so den gleichmäßigen Gang bewirkt.
5. Sogar als Maßeinheit wurde der Anker genutzt, denn bei den alten Preußen war der Anker das gültige Maß für 34 Liter.

Wir können in unserer Betrachtung aber noch ein Stück weiter vorangehen, wenn wir überlegen, was aus der Sprache der Seeleute in unsere tägliche Ausdrucksweise eingeflossen ist. Wenn z.B. ein Mensch sich ganz vorsichtig an eine Sache heranlaviert und sich dann auf bedächtige Weise festlegt, spricht er schon von einem behutsamen »Ankermanöver«. Ist daraus dann eine bestimmte Position oder ein Standpunkt geworden, man eben letztlich »sicher an Anker gegangen« ist oder man sich schlichtweg festgelegt hat, dann sagt man wohl schon auch, man habe den »Anker fallen lassen«. Das ist dann, wenn man sich nach gründlicher Überlegung zu dem Entschluss durchgerungen hatte des »let go anchor!«. – Und damit kommen wir zum eigentlichen Thema Seefahrt wieder zurück:

Auch beim »Ankerliegen« heißt es immer noch aufzupassen, damit bei mitgehender Wasserbewegung »vor Anker/an Anker« nicht die Kette abgedreht wird. Das kann auch im übertragenen Sinne angewendet werden. Ist es dann soweit, die Fahrt wieder aufzunehmen, dann heißt es »Hiev up Anker!«. Das ist heutzutage beim Motorschiff mit der maschinellen Mechanik nach moderner

Knopfdrucksteuerung schnell getan. – Aber früher auf den Klippern vergangener Segelschiffszeiten war das beschwerliche Knochenarbeit. Das gibt es heutzutage noch beim Mannschaftssegeln auf den »train sail«-Ausbildungsklippern: »Und morgen früh, so Gott will, dann stehst du wieder mal am Spill!« Dann gilt es, mit der Groß-Doppelkurbel, immer ein paar Mann zugleich auf beiden Seiten, in langwieriger Kurbelei den Anker aus dem Grund zu holen. Wenn »vier Schäkel Kette stehen«, dann heißt das, bald eine halbe Stunde lang tüchtig drehen zu müssen, wenn der Sperriegel an der Winsch im Takt klickert. Die Schwielen an den Händen kommen dann nicht nur von der Arbeit an den Leinen. Heute werden dabei höchstenfalls »dumme Sprüche geklopft«, aber keine Shanties mehr gesungen.

Doch früher auf den Großseglern, den Viermastklippern, geschah solche Arbeit im Singsang-Takt. Die Shanties waren Arbeitslieder, damit man nicht aus dem Takt kam. Hier ist solch ein Beispiel:

»Heav em up, huro, jolley!
Hol em up, huro, jolley!
Heav em up met dem huro, jolley!
Up met em, huro, jolley!«

So sangen die Matrosen beim Ankerlichten. Der Takt war immer nach der gleichen Melodie: erst langsam und träge, dann ein bisschen ungeduldig und zum Schluss munter und lustig. Das hatte einen ganz einfachen Grund, nämlich dass am Schluss immer auf Kommando zugleich gezogen werden musste. Bei »huro« und »jolley« musste kräftig »gerissen« werden.

Auch auf deutschen Werften wurde vor hundert Jahren noch so gesungen, wie z.B. in Kiel:

»Ho! Hei! Zieh an und lichte dich, pall!
Zieh an, hei! und lichte dich, pall!
Zieh an hei! und lichte dich und zieh, pall!«

Dabei war »pall!« der Befehl (von englisch »pull«) zum Ziehen. Es konnte auch so klingen:

»Ei ho! Faat em an! – So!
Ei ho! Alle Mann! – So!
Ei ho! Pull em up! – So!
Ei ho! 'n grot'n Ruck! – So!«

Solche Anstrengung bedurfte schließlich auch einer Belohnung. Und damit der Meister oder der Bootsmann diese nicht vergisst, wurde auch in den Versen »zartfühlend« daran erinnert:

»Ei ho! Noch'n Bluck! – So!
Ei ho! Nu gifft 'n Schluck! –
So! Ei ho! Faat em an! – So!
Ei ho! Alle Mann! – So!«

Dann gab es für den Kapitän keinen Ausweg mehr. Er musste »Besanschot an!« geben – und jeder bekam seinen Schluck.

Auch in der Welt der Sprichwörter hat der Anker Eingang gefunden wie: »Ein Schiff ohne Anker ist wie ein Leben ohne Hoffnung!« oder »Freunde und Anker sind dann von Wert, wenn sie dir Hilfe in Not gewährt!« oder »Deines Herzens Anker wird wohl einen tieferen Grund finden als all dein Grübeln, Denken und Fragen!«

So dürfen wir diese Betrachtung mit der Feststellung schließen: »Der Anker ist eingeholt, er hängt auf und nieder!«

So sollten wir den Anker (unseres Lebens) immer klar zur Hand haben, dass er an sicherem Grund festhalten kann, wenn es für uns nötig ist. Darum müssen wir wach und munter sein, wenn es wirklich einmal heißt:

»Klar bei Anker – let go!«

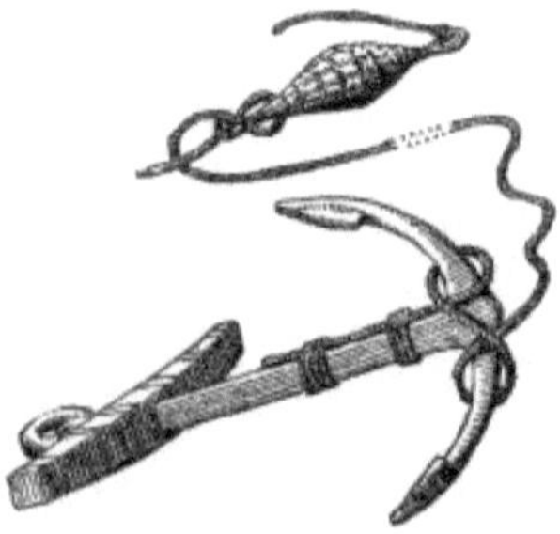

Wenn das ins Auge gegangen wäre

Eine fernöstliche Story

Singapore
In einem Unfallbericht ist zu lesen, was ein nach außenbords fallender Rosthammer bewirken kann: Ein Matrose arbeitet in sieben Metern Höhe auf einer Außenbordsstellage, denn Rostklopfen ist auch heutzutage noch eine durchaus erforderliche – aber keinesfalls immer beliebte – Liegezeitbeschäftigung. Klar, dass der Kapitän auch mal nachsehen will, wie der Stand der Arbeit ist. Von einer längsseits liegenden Barkasse aus wird also inspiziert. Solch ein Nadelrosthammer wiegt immerhin die Kleinigkeit von 2,5 kg. Und reichlich warm ist es auch.

Gerade im Augenblick des Inspizierens fällt dem Jantje das Ding aus der Hand. Fügung des Schicksals: Es ist wie bei der herunterfallenden Butterstulle, die auch immer mit der Marmeladenseite auf den Boden klatscht. So plumpst hier der Hammer dummerweise nicht ins Wasser, sondern knallt dem Kapitän, wie magnetisch angezogen, direkt auf den Fuß. Trotz getragener Sicherheitsschuhe gibt es eine schmerzhafte Prellung, die sich nachher zur satten Schwellung auswächst. Es ist eine Regel, dass man sich im Hafen nicht unter schwebende Kranlasten stellen darf, aber dass solcher Segen einem von oben direkt ins Boot fällt, wer ahnt das schon? –

Zu allem Überfluss ist dabei durch die Schreckbewegung auch noch die Brille des Kapitäns im hohen Bogen ins Wasser geflogen und war futsch. Da hätte der Klabautermann doch auch ein wenig besser aufpassen können und für umgekehrte Fallrichtung von Hammer und Brille sorgen sollen. Eine Brille auf den Hühneraugen hätte sich doch viel besser ausgenommen …

Aber doch nicht so! – Eine Urlaubs-Havarie

Kuddel hatte sich ein Mädchen aus dem Binnenland angelacht, damals als sie bei einem Hafenbesuch auf ihn aufmerksam wurde, weil er so fidele Sprüche klopfen konnte. Sie haben sich dann fleißig geschrieben. Nun kam er von großer Reise zurück, und sie hatte ihn zum Urlaub zu sich nach Hause in ihr kleines Hessendörfchen eingeladen. So ein bisschen Herzklopfen war auf beiden Seiten schon vorhanden, denn sie wusste doch so wenig von der Seefahrt und ihren Gebräuchen. Er hatte sich »seemännisch landfein« auf die Reise begeben, und er glaubte schon, bei ihr den richtigen Kurs zu segeln.

Doch seine Makkers an Bord hatten spitz bekommen, wohin seine Reise gehen sollte, und sich dazu einen für sie selbst als harmlos geltenden Spaß ausgedacht. »Nur so, einfach aus lauter Jux und Dollerei.« Sie wollten damit ihren Jantje eigentlich nur auf ihre Weise an den gewohnten Umgangston erinnern und hatten die Folgen keineswegs vorausberechnet. Ihre Überraschung wuchs sich zu einem satten Volltreffer aus. Kurz vor seiner Ankunft wurde das Mädchen von einem Telegramm überrascht. Die erstaunte Familie las: »Wir wünschen nach alter Seemannsart viel Glück zur ersten Probefahrt!« …

Und er konnte so gar nicht verstehen, weshalb sie ihm die kalte Schulter zeigte und warum die liebe Familie ihn gleich wieder hinauskomplimentierte. Jedenfalls kam er mit erheblicher Brassfahrt zurück.

Freizeitspaß: »Du traust dich nicht!«

MS »M« liegt vor einem westafrikanischen Hafen auf Wartereede und dümpelt in der Hitze. Tagsüber ist normaler Bordbetrieb wie sonst auch beim Seetörn. Und abends versucht man, sich die Zeit mit allerlei Späßen zu vertreiben. Das sogenannte »Armdrücken« bayerischer Art gilt inzwischen schon lange nicht mehr als seemännisch stilgerecht, seitdem auf einem anderen Kompanie-Schiff sich dabei schon einmal ein Seemann einen komplizierten Armbruch weggeholt hatte. – Aber »Nagelbrettklopfen« , dabei kann doch eigentlich nichts passieren.

Denkste! –

Ob aus Übermut oder um die eigene Reaktion zu testen, das geht aus dem späteren Unfallbericht nicht hervor. Jedenfalls hatte einer seinen Daumen »nur mal so« auf das Brett und ganz dicht neben den einzuschlagenden Nagel gehalten. – »Mensch, lass den Quatsch!« – »Du traust dich doch nicht, und du Tuffel triffst auch nicht!« – Ein wahrhaft geistvoller Dialog. In der sicheren Annahme, dass der andere den Daumen rechtzeitig wegziehen wird, schlug der Kollege voll mit dem Hammer zu. Die Redensart »und der Rest ist Schweigen« traf hierbei keinesfalls zu, denn ein tierischer Aufschrei war die einzige Antwort auf den allzu deftigen Hammerschlag und das blutige Ergebnis ein zertrümmerter Daumenknochen. Da »hatte er lange was von«.

Ob Schuld oder nicht, eines steht fest: Nur was wirklich weh tut, das merkt man (sich) gründlich.

Führerschien

Een ostfreessch Buur is inne Verkehrskuntrull opfullen. Se holld em an, un he schall den Wachmeester sien Führerschien wiesen. Daarbi harr he gor keen.

So grabbelt he denn een Teinmarkschien rut un langt den röber nah den Schandarm. De kiekt sick dat Stuck Popier nippe und nau an, dreiht't een paarmal um un meent denn to den Mann an't Stüer:

»Dat Foto stimmt ok nich mehr so ganz. Un dat neeste Mol stickst dien Auto-Führerschien in, wennst losföhrst; disse hier is doch dien Segelschien!« … (Dormols, as op dissen Geldschien noch dat Bild von dat »GORCH FOCK«-Seilschipp weer.)

Welcher Kurs liegt an?

Eine Sommer-Glosse

Da meinte kürzlich »ein Lord«, als ihm plötzlich »sein Dampfer« gar nicht mehr gefiel und er »in den Wind geschossen« und dabei »achteraus gesegelt« ist, er habe mit einem Mal »den absoluten Null-Bock gehabt«. (Was das ist, das wusste er auch nicht so genau, es musste aber irgendetwas mit Appetit auf Land-Vergnügen zu tun haben.) – Wem hätte der »eigene Job« nicht schon mal »bis oben hin« gestanden? – aber deshalb gleich »die Platte putzen?« – Na, die Seefahrt wird auf »diesen Typ« wohl verzichten können. Dabei wäre es doch viel einfacher gewesen, es mit der vereinfachten Seemanns-Orthografie zu halten, auch wenn es nur der verkehrte Fall war: »Man gewöhnt sich an allem, sogar an der See« (andere sagen: an dem Dativ). Schorse Glahr sagte in solchen Fällen früher immer:

»Es soll schon Fälle (Felle) gegeben haben, an denen noch die Haare dran waren.« Und Kalli Lührs meinte dann, wenn einer irgendwie ausgerutscht war: »Da muss einer Hundehaare gestreut haben!«

Gewiss, der heute oft – fälschlicherweise – und gern zitierte Stress als Begründung für Leistungsdruck und/oder als Entschuldigung für seltsame Verhaltenskapriolen ist nichts anderes als »Power auf Dauer« mit ein »bisschen Schwitz unter der Mütz« und vielleicht auch »with tears in the ears«. Wer weiß, was er kann und was er leistet, der braucht kein Selbstmitleid. Und so ist der »geklopfte Spruch« mit dem zunächst negativ klingenden Schlenker: »Oh, Seemann, trag dein Schicksal mit Geduld; dass du zur See fährst, bist du selber Schuld!« letztlich doch wiederum die berufliche Selbstbestätigung, dass und warum man »immer wieder nach See hin« muss. So heißt der VDR-Slogan nicht zu Unrecht »Mann fährt zur See«.

Nur der die Seefahrt kritisch betrachtende sarkastische Spottvogel meint angesichts des grassierenden Flaggenschwundes: »Alle fahren zur See, nur wir Deutschen bald nicht mehr!« Aber auch der will letztlich nur seine so geäußerte Irrmeinung widerlegt und als Mahnung verstanden wissen, um maritimes Denken anzuregen. Auch er hält es im Grunde mit der Bord-Losung: »Auf der Back ist alles wohl, die Lampen brennen!«

So wie einst: »Seemann, komm hoch!«

Reise, reise! – nach Seemannsweise,
raus aus dem Stinkkorb, reise, reise!

Reise, reise! – hoch das Bein,
ein jeder will der erste sein!

Seemann, heb dein Arschgewicht:
Backbord voraus Laboe in Sicht!

Hebt an den Arsch, hebt an die Leiber,
die Pier steht voller nackter Weiber!

Luft an das Gattchen, senkt die Rohre
und denkt nicht mehr an Hannelore!

Seemann, leg die Socken klar,
die Waschfrau zeigt von achtern klar!

Frische Brötchen, wunderbar:
Der Bäcker von Laboe war da!

Hackt ab das Blei vom Achtersteven,
nackte Beine will ich sehen!

Ein jeder weckt den Nebenmann,
der letzte stößt sich selber an!

Die Sonne scheint vom Firmament,
die Filzlaus flink rauf und runter rennt.

Seekrank ist man oft auf See,
man pumpt den Magen leer nach Lee.

Und morgen früh, so Gott es will,
stehst du wieder stramm am Spill.

Und hätt der Seemann kein Humor,
käm ihm die See versalzen vor.

Wir brauchen nicht an Land zu gehn,
wir könn'n das Land von Bord aus sehn!

Seemann, komm hoch!
Du musst pissen!

Das große Curry-Essen

Wenn Smutje Hein in der Kombüse
den Curry in der Pfanne brennt,
verspricht er tropische Genüsse,
die jeder Seemann heiß ersehnt.
Geschickt gemixt hat er in Kürze
nach seinem Spezialkonzept;
erotisch scharf sind die Gewürze,
Küchen-Exotik sein Rezept!

Das Skylight steht nach oben offen,
damit es auch der Käppen weiß:
Der Koch hat ne Mixtur getroffen,
die macht auch kühle Typen heiß.
Tät man davon ne Prise nehmen
als Nase voll wie Schnupftabak,
braucht man sich nicht der Tränen schämen,
es flüchtet gar der Kakerlak!

Labskaus nennt man auch Wantenschmiere
und lässt sich schwierig definiern,
doch Curry wird als Kuvertüre
die Magenwand nicht ruiniern.
Genüsslich wird es eingenommen,
der Nachdurst ist beachtenswert.
Und der, dem's wirklich nicht bekommen,
bleibt schlichtweg drum unterernährt!

Es wird nur als Rezept verraten:
»Zum Kochen hört viel Fantasie!« –
Und wenn's für alle recht geraten,
nennt es sich Küchen-Poesie!
Sich nicht zu pflegen, wär ne Sünde,
packt euch nur recht den Ranzen voll;
und allenthalben man verkünde:
Wie's hier gemacht, war das schon toll!

Zum Curry braucht man kein Rezept, sondern nur Mut

Curry ist mehr als eine Gewürzmischung, es ist vielmehr eine »Komposition«, ein »Würz-Gedicht« mit jeweils eigener Rezeptur. Gerade die Variationsvielfalt ist doch der besondere Reiz des immer wieder Neuen – im Geschmack und in der Kombination.

Curry ist Pflicht und Kür zugleich.

Deshalb gibt es auch kein starres Rezept für die Currysauce schlechthin und für »den Curry« eben als das große fernöstlich erlebte oder nachempfundene Gericht.

Der talentierte Koch und die gute Küche können daran zwar gemessen werden. Dennoch sollte man auch als Hausfrau keine Angst davor haben, sondern man sollte einen »Malayen-Lunch«, eine »Indonesische Reistafel« oder ein sonst als exotisch anmutendes Curry-Essen einfach mit viel Fantasie und mit frisch-fröhlicher Kombinationsfreude angehen. Wenn die Hausfrau z.B. Mathilde heißt, wird es eben ganz einfach »Curry Mathilde«. Da kann keiner etwas gegen sagen.

Zu scharf kann es eigentlich gar nicht werden, auch wenn beim ersten Schluck die Flammen förmlich aus dem Rachen zu schlagen scheinen. Der Reis und die Beigaben sorgen schnell für Milderung, und das ganze führt schließlich zu Wohlbehagen und Wohlvertragen. Also keinesfalls die erste Schärfe mit einem kräftigen Schluck hinunterspülen!

Die »schwächere Schärfe« der Sauce ergibt sich dann, wenn das Curry-Powder nur eingerührt wird. Dann unterbleibt auch der beißende Würzgeruch. Das ist gewissermaßen das Anfangsstadium der Curry-Anwendung. Darum also gleich den Sprung in die Meisterschaft: Wenn er richtig brennen soll, dann muss er »abgebrannt« werden. Das ist für die Köchin und den Hobby-Koch ebenfalls keine Schwierigkeit, höchstenfalls ein Lüftungsproblem. Also nicht von der Küche in die Wohnung hinein lüften, damit die Gäste nicht das große Husten kriegen.

So fängt man denn die Sauce mit einer richtigen »Einbrenne« an, d.h. Mehl in Fett anbräunen, um dann mit der heißen Brühe (des zum Essen verwendeten Huhn-, Rind- oder Hammelfleisches) »abzulöschen«. Soweit eine durchaus bekannte Handlung. Hier setzt nun die Curryverwendung ein, indem der Curry nach dem Mehl ebenfalls eingestreut und so im heißen Fett richtig mit eingebrannt wird. Beim nachherigen Ablöschen hat man wohl das Gefühl eines wahren Gewürz-Feuerwerks, jedenfalls für Nase und Augen. So erlebt die Hausfrau den exotischen Gaumenschmaus wirklich vorweg »aus erster Hand«.

Ebenso wichtig wie die richtige Saucenabschmeckung ist das Garen als »trockenen Reis«, d.h. mit nur gerade so viel Feuchtigkeit, dass er nachher schön körnig verbleibt und zu keiner Kleisterpampe zusammenfällt. Doch der Clou der Mahlzeit ist die nach Vorrat und Einkauf, nach Fantasie und Finanzlage immer wieder neu – und anders – erlebte Zutaten – Zusammenstellung.

Fleisch oder Fisch zur Currysauce oder Currysauce mit Fleisch oder Fisch ist zusammen mit dem Reis die Grundlage des vollen Tellers, der möglichst groß gewählt werden sollte, damit viele Zutaten »drumherum« passen.

Sie sind zuvor schon geschnibbelt, gehackt, geschnetzelt und gewürfelt worden und stehen in einer Vielzahl kleiner Schüsseln zur Entnahme »rundherum« parat. Mit dem Klacks Reis in der Mitte und der per »Politikus« (der großen Schöpfkelle) darüber hinweggegebenen CurryFleisch-Sauce kann das Lob für die überstrapazierte Köchin nur noch die »große Löffelschlacht« sein. Ein Messer wird beim Essen nicht benötigt, höchstenfalls noch eine Gabel für die andere Hand.

Der Anzahl an Zutaten sind keine Grenzen gesetzt. Erstaunlich ist, was sich alles so miteinander verträgt und miteinander ohne Schwierigkeiten kombinieren lässt: süß, sauer und süßsauer; mild, kräftig und scharf; Fisch und Fleisch; Geflügel und Meeresgetier; Gemüse und Obst; Käse, Eier und Nüsse; roh, gekocht und gedünstet; gesalzen und gezuckert; gebraten, gepökelt und geräuchert …

So rundherum belegt und rundherum wieder abgegessen, hat jeder Löffel voll einen anderen Geschmack und überrascht durch die immer wieder andere Kombination. Insofern ist das Essen eine wirklich doppelte »Komposition« und darin schon ein Lob der Hausfrau in sich.

Wegen des kräftigen Curry-Anteils gibt es auch keine Schwierigkeiten für den Magen. Das Gewürz wirkt magensaftanregend und verdauungsfördernd, es sorgt für angenehme innerliche Erwärmung und regt Appetit, Gemüt und Stimmung an. Das nachherige sog. »After-Reistafel-Gefühl« ist ein ebenfalls unbeschreibliches Erlebnis und strahlt Zufriedenheit in höchster Vollendung aus. Was möchte ein guter Koch mehr an Lob, als dass es wunderbar geschmeckt hat!

Getränkevorschriften sollte man nicht machen. Da ist der Hausherr ohnedies für das wohlschmeckende Angebot zuständig.

Am Schluss sei noch ein kleiner, einfacher Hinweis gegeben, wie man es auch umgekehrt wunderbar machen kann: Da ist z.B. ein Bratenrest mit viel Sauce nachgeblieben. Aber davon einfach Gulasch machen, das wäre doch zu fantasielos. Also mit Curry nachwürzen, Reis kochen – und Speisekammer sowie Kühlschrank nach Resten durchsehen. Ein paar Eier sind schnell gekocht und gehackt; etwas Wurst und ein Stückehen Schinken alsbald gewürfelt; eine Gurke, eine Zwiebel oder ein Apfel fix kleingeschnitten; ein Stück Käse findet sich noch zum zerkleinern; eine Dose Sardinen und eine Büchse Mandarinen stehen in der Ecke. Da kommt mit ein wenig Findigkeit ganz schnell ein Dutzend Zutaten für eine »kleine Reistafel nach Art des Hauses« zusammen. Es ist die ideale Resteverwertung und macht dabei noch was her. Der Hausherr und die Familie sind zufrieden und werden der Hausfrau für ihre einfallsreiche Lösung uneingeschränktes Lob spenden.

Kochen ist Mutprobe und Glücksache zugleich.

Die leeren Teller und die zufriedenen Gesichter beweisen, dass wieder einmal ein Volltreffer gelungen ist.

Labskaus

Nah dat Orginal-Rezepp von Eduard Rosenhagen (1848 bis 1914)

Labskaus, du echte Seemannskost,
du sleist gehörig us to Bost.
Wer dor sien Deel von binnen kriggt,
steiht fast, wenn't Schipp to' n Kentern liggt.
Dat schulpt nich ut'n Töller rut,
beklackert us nich Bost un Snuut.

Dat is' n Eeten for de Fuulen,
de bruukt keen Knoken ruttopulen,
wenn't in de Nordsee weiht un snuft,
de See dwars öber't Schipp hen stuft,
de Mannschaft half verklomt all steiht
un allens heel koppheister geiht.

Un't heet denn »Schaffen unnen un boben«,
kummt Jan Maat in't Logis gestoben.
De Back Labskaus steiht up' n Diseh,
dann ward die Krummen wedder risch,
denn ward dor wat von binnen neiht,
wiel't smeckt un wiel't bi Rippen steiht.

Ji frogt, wo ward Labskaus denn mokt?
Wat man up See tohopen kookt,
ik will jo dat Rezepp woll lehren,
denn könnt ji dat mol utprobeeren.

Een Stuck Soltfleesch, un nich to lütt,
dat snied ji in een holten Bütt;
dat Fett, dat bliwt dor oberst an,
wiel't licht to dröge warrn kann.

Denn ward' n Pott Kantuffeln kookt
un mit dat Fleesch tohope rookt.
Zipollen ok, 'n duchtig Deel,
un swarten Peeper, nich to veel.
Dit allens up't Füer, dat et dampt,
un sinnig jümmer dörgestampt.

Hett dat denn kookt, so'n Stünnen twee,
denn ward et disse Wunnerbree,
den as Labskaus wi kennen doot,
de is for Liev un Seele good!

An Land dor mokt se dat to fien,
smiet't Bodder, Schinken, Rookfleesch rin;
dat ward denn so'n ool' n Slackerkraam
un hett blots von't Labskaus den Naam.
Nee, willt Labskaus ji orndlich moken,
denn möt ji so, as ik segg, kooken.

Wer dat nich mag un krullt de Näsen,
is all sien Dag nich hungrig wesen;
dat is for mi een Dummerjahn
un mutt bi »Hillmann« schaffen gahn! –
Na, denn laat di man smecken! –

Blinder Eifer schadet nur

Am 2. April 1973 beging man das hundertjährige NEPTUN-Jubiläum mit viel Besuch und mit viel Gratulation. Für den nächsten Abend hatten Vorstand und Aufsichtsrat der Bremer Tradition gemäß den Präsidenten des Bremer Senats und allerwichtigste Geschäftsfreunde in das Kaiserzimmer des altehrwürdigen Bremer Ratskellers eingeladen.

Am Tisch zwischen Eingang zum Kaiserzimmer und dem großen Weinfass trifft sich regelmäßig einmal im Monat der NEPTUN-Kapitänsstammtisch. Zwei altgediente Vertreter dieses Berufes waren schon frühzeitig anwesend und »hielten die Position«. Es waren zwei wirklich gut erhaltene Pensionäre, denen man eigentlich ansehen musste, dass es ihnen gut geht und dass sie die Zeit haben, sich und die ihren zu pflegen. Sie trugen, wie das in Bremen beim Ausgehen üblich ist, den unauffälligen grauen Anzug.

Auf dem Weg ins Kaiserzimmer entdeckten die beiden Herren des NEPTUN-Vorstandes ihre bei den ehemaligen Kapitäne. So im Vorbeigehen begrüßte man sich mit Handschlag und wünschte sich gegenseitig einen guten Verlauf des Abends.

Der stets aufmerksame Ökonom des Ratskellers musste wohl vom Hintergrund her diese kurze Szene gerade beobachtet haben. Aber was hatte er sich dabei gedacht? Jedenfalls war ihm wohl der Gedanke an die Stammtischrunde nicht gekommen. Seine Frage an die beiden Herren im grauen Anzug erweckte bei denen zunächst nur ungläubiges Erstaunen: »Die Herren sind wohl die Fahrer, was ist für Sie vorgesehen?« –

Daran hat die ganze Stammtischrunde noch ihren satten Spaß gehabt. Und die beiden Kapitäne amüsierten sich darüber, dass man ihnen im Pensionsalter noch einen neuen Beruf zugemutet hatte.

Manschettenknöpfe

Die zum hundertjährigen NEPTUN-Jubiläum seinerzeit als Sonderprägung angefertigte silberne Erinnerungsmedaille war in Größe und Gewicht mehr als ein »Taler« und hatte immerhin einen Durchmesser von 40 mm. Sie wurde Angehörigen an Land und an Bord für mehr als zehn Jahre treue Dienste ausgehändigt.

Meinte dazu doch ein Kapitän: »Wenn man also mehr als zwanzig Dienstjahre hat, bekommt man logischerweise doch zwei Medaillen. Ich möchte mir gern ein Paar Manschettenknöpfe davon machen lassen«. (Eine fürwahr unübertreffliche Selbsteinschätzung!)

Dagegen konnte es – selbstverständlich bei Übergabe nur eines Exemplares – nur die Antwort geben: »Das beste ist, die Medaille an die Ehefrau weiterzugeben, die schon eine Möglichkeit wissen und finden wird, wie man das Ding in eine schöne Fassung für einen Kettenanhänger hineinbekommt!« (Würde bei der Medaillengröße auch viel besser passen als »am Handgelenk«.)

Deutsche Mark 100,–

DAMPFSCHIFFFAHRTS-GESELLSCHAFT „NEPTUN"
BREMEN

100 Deutsche Mark **AKTIE** Nr.

ÜBER

EINHUNDERT DEUTSCHE MARK

Der Inhaber dieser Aktie ist für den Betrag von Einhundert Deutsche Mark bei der Dampfschifffahrts-Gesellschaft „Neptun", Bremen, als Aktionär mit allen satzungsmäßigen Rechten und Pflichten beteiligt.

Bremen, im April

Dampfschifffahrts-Gesellschaft „Neptun"

Der Aufsichtsrat: Der Vorstand:

Onkel Walter

Dass ein Seemann fest und derb zupacken kann (und muss), ist nahezu sprichwörtlich. Ein alter Fahrensmann muss eben einfach Hände wie ein Schraubstock haben.

Wer aber kannte nicht »Onkel Walter«? – Zu seinen Junggraden war er wirklich der gute Onkel und väterliche Freund, solange alles richtig lief. Zwischen Spaß und Ernst war nur in einem kleinen Punkte ein Unterschied, wenn eben Walter Stark jemandem seine Pratze auf den Puckel hieb, dass es krachte und man unweigerlich in die Knie ging.

An Land hätte er damit jeden glatt in den Boden gerammt. »Wo der hinhaut, da wächst kein Gras mehr!«

Sein Kommentar: »War da denn vorher Gras?«

Dienstuniform

1930 war bei der NEPTUN für die Jungoffiziere, die »vierten Leutnants«, noch keine Dienstuniform vorgeschrieben, und »Räuberzivil« war an der Tagesordnung, allerdings mit Dienstmütze.

Von einer anderen Reederei herübergewechselt, zeigte sich der Neue zum ersten Mal in Uniformjacke mit einem Ärmelstreifen an Deck.

Die wohlwollende Reaktion des Kapitäns: »Dat Zigarrenband nehmt Se sick man wedder aff, sowat hefft wi hier nich. Se sind hier doch nich als Portier!«

Moritz

Kapitän Bollwahn, aus Mecklenburg gebürtig, hatte den wenig gebräuchlichen Vornamen Moritz. Sein Temperament ging zuweilen mit ihm durch. So wundert es nicht, dass man ihn im Hafen und an Bord überall als »Moritz, den wilden Mecklenburger« kannte. Und an Bord sprach man, wenn der Alte gemeint war, natürlich nur von »Moritz«. Wehe aber, wenn das einer mal nicht wusste.

Kommt doch in einem Hafen ein Schiffshändler an Bord, um seine Dienste anzubieten. Er fragt nach dem Kapitän. Ohne weiter darüber nachzudenken, bedeutet man ihm, Moritz sei oben in der Kammer.

Was wunder, dass er mit der Begrüßung: »Guten Tag, Herr Kapitän Moritz!« höflich und aufmerksam hereintrat. Der Rest war nur noch ein Monolog, aber leider kein Auftrag.

Rees: »Du redest heute soviel dummes Zeug. Sag mal, wo du gestern Nacht warst, da will ich auch mal hin!«

»Aber du kannst da nur zweimal hingehen: einmal zum Vorstellen und einmal zum Entschuldigen!«

Gute Reise

Kapitän Reimann, sonst ein Mann von wenig Worten, war den Herren im Büro letztlich doch immer noch um ein Wort voraus. Sie fielen jedenfalls immer wieder darauf herein.

Nach der Reisebesprechung pflegte er, wenn man sich erhob, das Gespräch stets überraschend zu beenden, indem er die Hand reichte und dann trocken meinte: »Na, denn man gute Reise, Herr Kapitän! – Das wollten Sie doch eben sagen?«

Sprach's mit einem vergnüglichen Grinsen und ließ den verdutzten Büromenschen stehen. – Er hatte stets die Lacher auf seiner Seite.

Besuch an Bord

Nachdem Kapitän Reimarm mit seinem Schiff schon ein paar Tage in Alicante gelegen hatte, war der Anlauf eines zweiten Kompanie-Schiffes eine begrüßenswerte Unterbrechung der vorherigen Langeweile.

Als nun beide Kapitäne schon eine ganze Weile zusammen gesessen hatten, meinte R.: »Du, Göbel, hättest man gestern kommen sollen, da war ich ganz allein. Heute habe ich ja genug Unterhaltung.«

So blieb dem zunächst verdutzten G. nichts anderes übrig, als die Unterhaltung vorwiegend allein zu bestreiten, denn vielmehr hat R. dann auch nicht mehr gesagt.

Begrüßung

Die unterschiedliche Schiffsgröße wurde in mancher Hinsicht zugleich als persönlicher Wertmesser für die Einstufung des Kapitäns empfunden (und gehandhabt). Heute nennt man das »Image«. Man musste eben auf dem kleinsten und ältesten Schiff angefangen haben und sich dann beständig hochhangeln. Daraus erklärten sich denn auch Ressentiments ebenso wie Überheblichkeit und die kleinen Sticheleien des Schifffahrts- und Hafenalltags.

In Lissabon liegen nebeneinander »OLBERS« und »HECTOR«. Der eine Kapitän ein Mecklenburger und der andere ein Ostfriese. Man besucht sich gegenseitig, und auf Anregung eines auf »OLBERS« mitreisenden Ehepaares aus Bremen erfolgt eine Abendeinladung zur gemütlichen Runde.

Zur verabredeten Stunde nimmt Moritz die Gäste am Landgang der »OLBERS« in Empfang. Rikus (von der »HECTOR«) erscheint mit einem Blumenstrauß.

.De Rükelbusch is for dien Gäst! Ober up dien Wustwogen hest du ja man doch blots ole Büchsen, dorum hebb ick di ok glieks ’n Vas mitbracht!«

Schönheitspflege

Es war gleich nach dem Zweiten Weltkrieg. Eines unserer Schiffe war verchartert und fuhr längere Zeit jenseits des Atlantik. Die Heuer war klein, und Devisen waren erst recht knapp.

Kapitän Alrich Wulf hatte eine Haarschneidemaschine in seinem Gepäck und sich angeboten, allen seinen Janmaaten umsonst die Haare zu schneiden, damit sie ihre paar Dollars sparen konnten. Ein fürwahr fürsorgliches Angebot.

Ein ruhiger Liegetag wird ausgenutzt für das allgemeine Haareschneiden. Der jüngste Moses (seit Jahren nun schon selbst Kapitän) mit seiner etwas vorwitzigen Klappe: »Herr Kapitän, rasieren Sie auch?« … Er hatte sich nur vorher nicht die Ecke ausgesucht, in der er sich nachher wiederfand.

Bordkino

Das Schiff ist für längere Zeit im Übersee-Crosstrade eingesetzt. Man kennt inzwischen die Häfen, meidet die teuren »Landmarken« und vertreibt sich die Hafenfreizeit an Bord. Aber die Witze sind schon hundertmal erzählt und rufen kein Lachen mehr hervor. Die Spielfilme sind zigmal abgenudelt. Zu allem Überfluss geht der Video-Recorder »in die Knie«. Die Reparatur würde dort drüben superteuer sein. So berät die Bordversammlung, was zu tun sei. Der Kapitän, ein von Natur aus sehr sparsamer Mensch, scheut die hohe Ausgabe, ist »zu teuer!« –

Da hat der Bootsmann die rettende Idee: »Lasst uns doch 'ne Kasperbude bauen. Der trockene Humor des Kapitäns wird uns alle bestimmt zum Lachen bringen, ganz egal welches Stück er uns vorspielt. Das ist dann nicht nur Fernsehersatz, sondern sogar ein echtes Kontrastprogramm!«

Ob »der Alte« bei der Versammlung anwesend war, wurde nicht berichtet. Und ob der Fernseher doch repariert wurde, ist nicht mehr festzustellen, denn das Schiff ist inzwischen verkauft worden.

Bord-Party

Kleine Party an Bord in Lissabon. Man spricht das im Ausland übliche »ensalada«, d.h. die internationale Mischung aus Deutsch, Englisch, Spanisch und sonstigen Sprachbrocken. Das funktioniert immer. Deutsche Spezialitäten sind in der ganzen Welt bekannt, und sie werden bei solcher Gelegenheit immer gern genommen.

Ein portugiesischer Gast bringt sogleich seine Sprachkenntnisse an: »Pumpernickel with Smierwurst und Snaps with Beer«.

Nur die Kenntnis der Verträglichkeit von Schnaps und Bier war, wie sich am Kater des nächsten Morgens herausstellte, bedauerlicherweise nicht vorhanden. Man hatte nicht damit gerechnet, dass der eisgekühlte Doornkaat in der Wärme des Südens sehr viel schneller »auftaut« und dann Nebelschwaden im Gehirn auslöst.

Vor ...zig Jahren

Anlässlich eines Wahltages in Deutschland mussten die deutschen Schiffe im Ausland für die jeweils dort lebenden Deutschen als Wahllokal fungieren. Allerdings musste das Schiff dazu auslaufen, um die Hoheitsgewässer des Gastlandes zu verlassen.

Nach erfüllter Pflicht beim anschließenden gemütlichen Schnack meinte ein Gast: »Herr Kapitän, könnten Sie nicht auch ein paar Sandwiches reichen lassen?«

Kapitän: »Sandwiches« – Hätten wir ja man gern getan, aber soviel Gläser haben wir gar nicht!« –

Bremer Bier hat dann auch aus der Flasche geschmeckt – ohne Sandwich.

Deutlich sprechen

Rikus Schön sprach nicht nur ein gutes und gut verständliches Platt, er konnte sich (außer Verse schmieden) sehr gewählt hochdeutsch ausdrücken, und er wusste auch sehr viel.

Mit dem sicheren Ausdruck absoluter Überzeugung konnte er zu einem Landmenschen sagen: »Wann lernen Sie endlich einmal richtig deutsch zu sprechen? Sie müssen auch deutlich sprechen und nicht immer die ›r‹ verschlucken. Das heißt doch ›Herr Karpitän‹ und nicht ›Kappiteen‹!«

Soviel Selbstsicherheit wirkte immer verblüffend, und nachher kratzte sich denn mancher nachdenklich am Kopf, überlegend, ob er nun richtig verstanden hatte.

Dumme Ausreden

Es gibt gute und dumme Ausreden, und oft wird eine als gut empfundene Ausrede letztlich zur dummen Ausflucht. Schon bei der Kaiserlichen Marine war es so, und bei der Handelsmarine ist es nie anders gewesen, dass eine wirklich gute Ausrede stets angenommen wurde. Ist sie dann noch überzeugend vorgetragen worden, hat ihr noch stets ein verstehendes Lächeln gegolten. Aber man musste sich schon immer echt etwas einfallen lassen. Sonst? –

Hier ein Musterbeispiel, wie es nicht geht: Die Ausfahrt aus den schwedischen Schären erfordert uneingeschränkte Aufmerksamkeit, sollte man meinen. Und so passierte es denn. Ein querlaufender Bagger wird vom Steven eines Kümo voll erfasst. Es hat jedenfalls einigermaßen gekracht und geknirscht. Wie bringt man das nun seiner Inspektion und seinem Vorstand bei? Vom Seeamt ganz zu schweigen!

»Während der Ausfahrt aus den Schären kam der Leitende in dienstlicher Angelegenheit auf die Brücke und hat mich dadurch abgelenkt!« Dafür gab es dann für die nachfolgenden Gespräche kein Ausweichmanöver mehr.

Afrikanische Auffassung

Das Motorschiff »N« war durch Fremdeinwirkung in der Kongomündung auf Grund festgekommen. Da es nicht danach aussah, dass es aus eigener Kraft wieder freikommen konnte, wurde der Schlepper »V« aus Matadi zur Hilfeleistung bestellt. Auch dabei gehören Handel und Palaver zum Geschäft.

Es wurde ein provisorischer Kontrakt (mit viel Palaver) aufgemacht, wobei der afrikanische Schiffsführer vor jeglicher Hilfeleistung erst einmal eine Vorproviantierung seiner gesamten Besatzung von zwanzig Mann forderte. Nachher nachgezählt waren es tatsächlich nur halb so viel, aber wen überraschen derartige Zählmethoden noch? Nach Hergabe des Proviants in der geforderten Menge fasste der Schlepper auch tatsächlich an, konnte aber ein Schleppen in freies Wasser nicht erreichen.

Bei Dunkelwerden bedeutete der Schlepperführer dem Kapitän, er würfe nun die Leinen los, denn es sei Feierabend und morgen käme er wieder: für einen neuen Kontrakt. Gesagt – getan, er dampfte ab in den Hafen von Banana.

»No cure – no pay«, das ist die Regel. Und so hieß auch hier: Alles dahin! Denn in der folgenden Nacht gelang es dem Schiff unter Anwendung aller Hilfsmittel und der wirklich aufopfernden Bemühungen des Maschinenpersonals, von der Bank freizukommen. Was der Bergungsunternehmer am anderen Morgen zu dem gleichgültigen Schlepperführer gesagt hat, ist uns nicht bekannt geworden. Wir würden es auch wohl kaum verstanden haben.

Afrikanischer Boden

Im Jahre 1960 geschah, dass Kapitän Peter Kneppe im Hafen von Monrovia/Liberia einen Afrikaner in einer Wohnkammer beim Stehlen ertappte. »Eigentumsverlagerungen« dieser Art kamen häufiger vor, und man musste eben entsprechend aufmerksam sein.

Als nun der Eindringling mit Hilfe eines Wachmannes gestellt und festgenommen worden war, meinte dieser Liberianer sehr entrüstet: »Sie haben kein Recht mich festzunehmen, denn ich stehe auf liberianischem Boden. Unter Ihrem Schiff ist alles Grund und Boden meines Vaterlandes!«

Eine wahrhaft zwingende Logik!

Vierteljahres-Ausrüstung wird geliefert

Sagt der Assi zum Chief: »Wir haben einen Bohr-Schraubstock bestellt, und sie haben uns einen Rohr-Schraubstock geliefert. Ist zwar was anderes, aber auch zu gebrauchen. –

Wenn wir jetzt bei der nächsten Anforderung 50 kg Grau aufschreiben, ob die uns dann dafür wohl ne 50-kg-Frau liefern? Wäre zwar was anderes, aber auch zu gebrauchen!« –

»Na, da werden sie wohl aufpassen!« – »Schade!«

Eine der vielen Kuriositäten einer Store-Lieferung

»Es ist uns unverständlich, dass …« es doch Sachen gibt, die es nicht geben sollte; zumal man hin und wieder auch Passagiere fährt.

Es war einmal eine vierteljährliche Store-Bestellung, darin stand unter anderem: zwei Stück Suppentassen.

Die Suppentassen kamen nicht, aber was wurde geliefert?

Zwei schöne (neue – wie aus der guten alten Zeit) Emailletrinkbecher! (Wohl nach dem Motto: »Wer nie aus einem Blechnapf soff!«)

Der Dampfer wieherte vor Vergnügen.

Daraus kann man wohl entnehmen, dass Blechmuggen auch für Passagiere gut sind.

Ebenso sollten Bett-Bezüge geliefert werden. Was aber wurde geliefert? Bett-Laken, einfach Bettlaken!

Was man vergessen hatte mitzuliefern, war eine Nähmaschine. Mittels dieser Maschine hätte »Hein Seemann« die Bettlaken – im Zuge seines Einsatzes in einer integrierten Besatzung – in Bettbezüge verwandeln können.

Von anderen Beispielen ganz zu schweigen.

Trotzdem fahren wir gern zur See und lassen uns liebsam überraschen.

Steht so nicht im Wörterbuch

Angebliche Antworten aus einer Matrosenprüfung:
Palast Däng = sollte Ballasttank heißen.

Was bedeutet Freibordmarke:
»Schiff hat Freilagerware an Bord!«

Malings:
Die modernen Schiffe mit dem vorstehenden Unterwasser-Wulstbug tragen beiderseits des Stevens als »Malings« eine stilisierte Symbolzeichnung dieser besonderen Bugform. Diese wird im Schiffsjargon als »Violinschlüssel« bezeichnet, obwohl es sich keineswegs um einen »Musikdampfer« handelt.

Leicht makaber

Auf MS »AJAX« befindet sich neben dem Schornstein ein Schapp, in dem die Auflegematratzen für die Decksstühle verstaut werden. Eine Passagierin hatte sich diesen Ort als Ruheplätzchen ausgesucht und wohl die Zeit verschlafen. Sie wurde jedenfalls beim Nachmittagskaffee vermisst.

Welcher Schock für sie, als der Kapitän ihr erklärte, als man sie dort weckte: »Ich hatte fast für 17 Uhr die Trauerandacht ansetzen wollen, wenn Sie sich schon ungefragt in den Schiffssarg legen!« (Musste dann im Salon einen ausgeben.)

Na, lat em man!

Kapitän P., schon seit einigen Jahren im Ruhestand, aber sehr rüstig und von wohlbekannter Leibesfülle, hat im hohen Alter – sehr zur Verwunderung seiner alten Kollegen – nochmals geheiratet, und dann noch eine wesentlich jüngere Frau.

In der Unterhaltung zwischen früheren Fahrenskollegen klang nicht nur Unverständnis, sondern auch wohl ein wenig Neid an, als einer fragte: »Hett de sick wohl nen Nafüllbüdel insetten laten?«

»Meenst dat? – Meenst he makt dat noch?«

»Na, lat em man!«

Seeluft macht Appetit

Ein Ehepaar aus dem Binnenland macht zum ersten Mal eine Seereise. Man ist schon ein paar Jährchen verheiratet, inzwischen etwas rundlicher geworden und holt jetzt im Jahr der Silberhochzeit die damals versäumte Hochzeitsreise nach.

Seeluft macht Appetit – Morgens: Eier, Käse, Aufschnitt, Honig und Konfitüre. Mittags: Vorspeise, Suppe, Hauptgericht mit Fleisch und Gemüse, Dessert. Nachmittags: Kaffee mit Gebäck oder frischem Kuchen. Als Abendessen kaltes und warmes Vorgericht mit anschließender Aufschnittplatte.

Dieser regelmäßige Rhythmus wirkt auf den ungewohnten »Seefahrer« wie eine Mastkur. Und weil man – siehe oben – doch schon etwas rundlicher geworden ist, hat man erst recht Angst um seinen Umfang. Spätabends sitzt alles gemütlich im Salon. Man plauscht miteinander, und man lässt sich gern Stories aus der Seefahrt erzählen. Bis der Kapitän meint, der Steward möge doch noch ein paar Sandwiches bringen. Reden und Trinken machen neuen Appetit. Alle langen zu, nur unser mitreisendes Ehepaar nicht – trotz begieriger Augen. Bis einer das erlösende Rezept bekanntgibt:

»Immer hinein in die Figur, die ist sowieso schon verdorben!«

Da gab es auch für die letzten Zögernden kein Halten mehr, und es wurde noch eine sehr gemütliche Tafelrunde.

Die spanische Krankheit

Die kurzen Flugzeiten lassen dem Reisenden heutzutage kaum Zeit, sich an das andere Klima und an fremdländische Speisen langsam zu gewöhnen. Er wird einfach davon überfallen. Wen trifft sie nicht, die »spanische Krankheit«? (Erfahrene nehmen rechtzeitig Kohletabletten. Aber wann rechnet man zu den Erfahrenen?)

Frühmorgens erhält man im Hotel zum ersten Frühstück eisgekühlten Orangensaft, den man natürlich begierig hinunterstürzt. In direkter Reaktion beginnen Magen und Darm zu rebellieren. – So auch bei Herrn Direktor P., als er vor Jahren nach Spanien kam.

Auch wenn's im Innersten rumorte, war er doch der Meinung, dass sein Magen ihm zu gehorchen habe. Die zum Mittagessen bestellten Muschelspezialitäten hätten jedem anderen zu Geschwindigkeitsrekorden verholfen. Bei Herrn P. wirkten sie beruhigend: »Man muss sich um Kleinigkeiten einfach nicht kümmern«.

Aber kann man das immer?

Was so passieren kann …

aber doch nicht sollte

Von vermeidbaren Unfällen war schon oftmals die Rede. Es gibt aber Dinge, die es einfach nicht geben sollte. Hier ein paar solcher »Auslesen«:

»Nachtwache ist langweilig«, das hat Matrose P. empfunden und sich währenddessen mit seiner Angel beschäftigt. Nur hat er dabei keinen Aal gefangen, sondern sich den Angelhaken durch das Endglied des rechten Zeigefingers gezogen. Ergebnis: Erstbehandlung an Bord nach funkärztlicher Anweisung, dann per Lotsenboot ins Krankenhaus zur Behandlung und zwei Tage später wieder zur Nachtwache an Bord. –

Teurer Fisch!

»Nehme ich einfach den kürzeren Weg«, dachte sich Motormann S. und wollte vom Hauptdeck über den Notausgang zum 2. Deck hinauf Von der Leiter abgerutscht, ist er in den Schacht gestürzt und hat sich dabei einige Beulen und eine Gehirnerschütterung weggeholt. (Und das ohne Alkohol-Genuss!) Er hat sich einen Hospital-Aufenthalt damit eingehandelt und musste repatriiert werden. –

Der gerade Weg ist nicht immer der kürzeste!

Ob in der Kammer *gefeiert*, ob an Land nicht aufgepasst oder ob bei Glatteis ausgerutscht, es hat mehrere Unfälle gegeben dadurch, dass einer beim Ausrutschen ausgerechnet als Halt zum Spiegel oder zur Fensterscheibe langte. Einfache und komplizierte Schnittwunden waren die Folge, vom Schmerz oder der eigenen Behinderung nicht zu reden. *Glas lässt sich kalt nicht biegen!*

Und beim *Spaß in exotischen Bars* und anderen südländischen Jux-Etablissements sollte man die Vorsichts-Schwelle nicht zu eilfertig überspringen, sonst wird unter Umständen aus augenzwinkernder Erinnerung eine langwierige Facharzt-Behandlung. VD-Erkrankungen sind auf der ganzen Welt wieder im Vormarsch. –

Leichtsinn wiegt den Spaß nicht auf!

»MS 'X' lag im Hafen von Port of Spain (Trinidad) am Kai. Nachts gegen 2.30 Uhr kehrte K. vom Landgang an Bord zurück. Er überkletterte den das Hafengebiet absperrenden Maschendrahtzaun. Dabei verletzte er sich am Zeige- und Mittelfinger der rechten Hand. Die stark blutenden Wunden wurden an Bord versorgt. Am Vormittag des gleichen Tages wurde K. zum Arzt geschickt, welcher die Wunden nähte und K. für fünf Tage arbeitsunfähig schrieb. Erneuter Arztbesuch nach fünf Tagen. Die Fäden wurden gezogen, und K. wurde für weitere fünf Tage krankgeschrieben.« Da ist doch wohl die Frage gestattet, ob dieses Ergebnis den Landgang wert war?

Diese »Blütenlese« ist echt und stammt aus Unfallanzeigen. Mal ehrlich – das braucht doch nicht zu sein?!

Löscharbeit in Algeciras

Sonst ist auch im Hafen nichts los, nur dass man Durst hat.

Direkt gegenüber vom Liegeplatz ist eine Bodega, und ein Glas Wein kostet nur eine Pesete. So erfolgt zwischendurch immer mal schnell ein Sprung dorthin.

Für den späten Nachmittag ist Abfahrt bestellt. Zur Ausklarierung kommt der Zollchef mit Gefolge per Fahrrad, in Uniform, mit drei Sternen auf der Schulter.

Da nur noch wenig Zeit bis zur Abfahrt ist, nimmt Kapitän Stellamanns eines der auf der Pier stehenden Fahrräder, um auch noch schnell einmal zur Bodega hinüberzufahren, selbstverständlich auch in Uniform und mit vier Streifen am Ärmel.

Inzwischen bemerkt der Zollchef vom Schiff aus, dass sein Fahrrad nicht mehr da steht. Also großer Diebstahlsalarm. Es wusste eben einer vom anderen nicht.

Als nun Kapitän Stellamanns zurückkommt, ahnt er noch nichts von dem Aufruhr. Die beiden Uniformierten stehen sich gegenüber. Aber wie lange hat das gedauert, bis jeder wusste, was der andere meinte. Die Abfahrt hat sich jedenfalls um Stunden verzögert.

Ladearbeit in Köln

Es war in einem Sommer der dreißiger Jahre. MS »POLLUX« lag an der Umschlagsstelle der Firma Koll & Kubach in Köln-Mülheim. Zum Öffnen der Luken mussten erst die Plomben der Zollversiegelung offiziell entfernt werden. Zu diesem Zwecke begab sich der an Bord allen wohlbekannte Zollbeamte namens Schwan an Deck. Er merkte aber nicht, dass der Ladekran aus einem längsseits liegenden Leichter ein paar eingerissene Säcke mit Mehl über unseren Dampfer hinweg an Land schwenkte.

Das durch die Luft wirbelnde Mehl überdeckte die schöne grüne Zolluniform mit einem hellen Weiß. So ist denn die etwas boshafte Bemerkung: »Seht, da kommt ein weißer Schwan!« wohl verständlich, wurde zwangsläufig aber als äußerst unangebracht empfunden. Der Seemann hatte zwar die Lacher an Bord auf seiner Seite, dafür aber des Zöllners Zorn gegen sich.

Nur gut, dass sich alte Bekannte immer wieder bald vertragen.

Deutsches Reich.

Zweite Ausfertigung.

Zeugnis

über die Befähigung

zum

Schiffer auf kleiner Fahrt.

Der Otto Heinrich Kopp,

geboren zu Heyde Waldburg

den 13 ten Januar 1890, wohnhaft in Kiel

erhält hierdurch auf Grund der Bekanntmachungen vom 16. Januar 1904 (Reichs-Gesetzbl. S. 3) und 3. Juni 1910 (Reichs-Gesetzbl. S. 867) die Befugnis,

1. deutsche Kauffahrteischiffe jeder Größe in der Fahrt auf Watten, Bodden, Föhrden, Flußmündungen, soweit diese zur Seefahrt gehört, sowie auf Tagesfahrten in See auf eine Entfernung von nicht mehr als 50 Seemeilen vom Beginne der Seegrenze (§ 1 der Ausführungsbestimmungen vom 10. November 1899 zum § 25 des Flaggengesetzes — Zentralblatt für das Deutsche Reich S. 380 —),
deutsche Kauffahrteischiffe von weniger als 400 Kubikmeter Bruttoraumgehalt, Schleppdampfschiffe von weniger als 600 Kubikmeter Bruttoraumgehalt und Seeleichter jeder Größe, sowie nach Beibringung eines Nachweises darüber, daß er die im § 7 unter b der Bekanntmachung, betreffend die Besetzung der Seefischereifahrzeuge mit Schiffsführern und Maschinisten, vom 5. Mai 1904 (Reichs-Gesetzbl. S. 163) vorgesehene Zusatzprüfung bestanden und vor oder nach dieser Prüfung eine zwölfmonatige Fahrzeit als Führer oder Steuermann auf Schleppdampfschiffen zurückgelegt hat, Schleppdampfschiffe von 600 bis zu 1000 Kubikmeter Bruttoraumgehalt in der Ostsee, in der Nordsee bis zu 61 Grad nördlicher Breite und im Englischen Kanal

zu führen;

2. den Steuermannsdienst auf deutschen Schleppdampfschiffen bis zu 1000 Kubikmeter Bruttoraumgehalt in der Ostsee, in der Nordsee bis zu 61 Grad nördlicher Breite und im Englischen Kanal zu verrichten.

Lübeck, den 8 ten Mai 1917.

(Siegel) Das Stadt- und Landamt.
Im Auftrage:
(gez.) Huppmann.

Lübeck, den 4. Oktober 1947. Für die Richtigkeit der zweiten Ausfertigung.
Das Stadt- und Landamt.
Im Auftrage:
[illegible]

Stadt- und Landamt Lübeck

Formular F.

»Bord-Tally« in Bremen

Fester Liegeplatz in Bremen für die Göteborgfahrer »ELEKTRA« und »FERONIA« war einige Jahre lang im Hafen I in Bremen (jetzt Europahafen) die Stelle vor dem Anleger der damaligen Hafenfähre. Letztere wurde oftmals von einem unserer bei den Nautischen Inspektoren benutzt, um dann nach einer Schiffsbesichtigung zum Ausrüstungslager zu marschieren.

Eines Tages musste der »Aufpasser vom Dienst« (Hei kümmt, hei kümmt) wohl nicht aufmerksam genug gewesen sein, denn nur so konnte es passieren, dass plötzlich von oben aus zwischen den Kränen her eine Stimme erschallte:

»Herr Steuermann, Herr Steuermann, so geht es, wenn man bis in die Nacht hinein das Tanzbein bei Trautchen E. schwingt. Dann soll man wohl eindösen! Schreib' an, es waren wieder zwölf Ballen Zellulose, alter Obertallierer!« …

Wir konnten uns nie recht erklären, woher immer die guten Informationen an das Ohr des Gewaltigen dringen konnten, doch hörten wir lange später, dass ein Arbeiter des NEPTUN-Lagers in seiner Freizeit im Lokal der Trautchen E. als Kassierer fungierte.

Im Hafen bleibt nun einmal nichts geheim.

Luftschutzwache im Reedereihauptkontor

Während des Zweiten Weltkrieges mussten im zivilen Bereich die Frauen zu Selbstschutzaufgaben wie Luftschutz- und Brandwachen mit herangezogen werden, weil nicht genügend Männer hier waren.

In der Nacht zum 1. Mai hatte nun das Los gerade zwei Damen des Büros getroffen, und sie zogen vorschriftsmäßig mit Luftschutzhelm und Gasmaske ausgestattet »auf Wache«. Mit Lesestoff hatten sie sich ausreichend versorgt, und zur Unterhaltung gab es ja Radio und Telefon.

Ein mitfühlender Kollege hatte den beiden als Ersatz für den verlorenen Feiertag eine Flasche Sekt spendiert. Keine Möglichkeit zur Kühlung und dann noch nie so'n Buddel aufgemacht. Aber versucht werden muss es doch. Das Bemühen um das Öffnen der Flasche hat im beiderseitigen Versuch nicht gerade zur Beruhigung des Inhalts beigetragen. Schließlich gab es einen Knall, und der Proppen flog heraus. – Nein, in die Lampe ist er nicht geflogen. Er hatte sich ein viel großflächigeres Ziel gesucht und war mitten auf der Glasscheibe des seinerzeit obligatorisch vorhandenen Adolf-Bildnisses gelandet. Mit Getöse kam Adolf hernieder.

Es war gar nicht so einfach, dem Haus- und Betriebswart die Unverdächtigkeit dieses »Abschusses« klar zu machen, da zu der Zeit doch kein Alarm gewesen war und die Wände nicht gewackelt hatten. Eine wahrheitsgetreue Schilderung klingt in solchen Situationen immer unglaubhaft.

Näharbeit: Die Passagierin bewundert die Arbeit des Bootsmanns, wie er mit sicheren Stichen eine Naht in die gerissene Persenning setzt. »Stopfen Sie Ihre Strümpfe auch selbst?« – »Ja, sicher! Am saubersten nach außenbords durch das Bulleye!«

Ökelnamens

Ökelnamens, de hörn in'n Haben daarto, un jedeen weet denn ok fors, wokeen meent is. Ökelnamens drückt ut, wat een sien »Katarakter« is, in wat een »Funkschon« he arbeiten deiht or wat för'n »Macke« he hett. »Hein Veerkant« or »Heini Kömnees«, daar is wieder nix to verkloren. Un bi de Lagerhuus wuss fröher elkeen, wer »Lohnkassen-Meyer« weer. Doormols in de legen Tieden harrn de Schuurlüüd jümmers een »Zampelbüdel« (kommt von »sample bag« = Musterbeutel) bi sick to'n opsammeln von Koffifegsel, Mehl or Getreidekurn. Een segg jümmers: »Dat is för mien Kaninkens«, un daarüm heet he denn ok »Kaninken-Smitt«. Ick heff eben von Schuurlüüd snackt. Dat kummt nich von Regenschuur; nee, dat kummt von Schauer or Scheuer, also von Lagerhuus un Schuppen. So is de Schuurmann, de Habenarbeiter, kortweg als »Jan Schuurmann« bekannt, denn de Jantje heet »Hein Seemann«. So keem dat to Jan un Hein, de sick geern een lütt beten mitanner kabbelt.

He kann nich eenfach so an Burd lopen. Vörher mutt he eersmol to de Arbeit indeelt weern. Daarför gifft dat den Hafenbetriebsverein. Dat is de zentrale Vermittlung. Arbeiters, de nich to een Firma tohört, de mööt toeers na'n »Schaapstall« hen, wo dat Verdeeln von Arbeit för de Dampers vör sick geiht.

Disse Arbeiter sind de »ständig unständig Beschäftigten«. Een gräsig Woordspeel, ober in dissen Fall wiss keen Ökelnom. Is ober een von de Besunnerheeten ut'n Haben. Fröher, vör 1914, geef dat noch kien Vermittlungsstäh. De Hafenbetriebsverein is 1914 gründt wurrn. Bet dorhen mussen de nich fast indeelden Arbeiters oppassen, bi een Lohn-Baas een Schicht aftokriegen. Un dat passeer vörn anne Eck vor'n Haben. De Lüüd, de sick daarmols daar na Arbeit drängeln mussen, dat weern »de Lüüd an ne Eck«. Dissen Nom hebbt se beholln, ok wenn't hütgendaags bi'n Vermitteln all mit Arbeitskart un Computerafreken geiht.

Mit Titel heff ick noch een besunner Beleewnis to vertellen: Ick weer mal na de Schweiz inladt. Un de Schwiezer hefft akkrat so'n Titel-Fimmel, un se sünd ok akkrat so scharp op Ehrentitels as de Oostenrieker. As se mi nu na mien Titel frogen, stick mi de Haber: »Schriew Se man eenfach ›Habenarbeiter‹«. Daar hebbt se aber na Luft snappt.

»Nee, dat geiht nich, dat köönt wi use Lüüd nich andohn!« – »Wieso, is Habenarbeiter denn wat Leeges un keen ehrbar Dohn?« – »Ja, dat nich, aber so as Arbeiter mang gelehrte Lüüd, dat geiht bi us nich. Wi leeft hier ja in'n ehrenhafte Gesellschaft!« Na, wi hebbt denn doch noch een anner Woord funnen, wat se denn in de Schweiz ok anerkannt hebbt.

Bi de Engelsmann is dat meist noch sworer. De vörnehm Lüüd hebbt ünner ehrn Nom denn ok noch so'n poor Bockstoben stohn, as Afkürzung för Titel or so: A.I.S. = Ancient Indian Service – wenn een för veel Johrn in Indien wesen is.

Un ick denn mit mien blank Kort, so »ganz ohn wat«? Daar heff ick fors P.B.S.E. un H.O.M.D. unnermalt. Se weern heel tofreen. Blots as wi woller uteen gungen, hett mi doch een fragt, wat dat bedüden schull mit miene tweemol veer Bookstaben.

Dat hebb ick em denn ok verklart: P.B.S.E. stunn för »poor bloody shipping clark«, also een ganz dösigen Habenrenner, un H.O.M.D. schull heeten »husband of Missis Dünnbier«, also nix anners as de Ehemann von min Fro. –

Daar muss ick denn ober sehn, dat ick de Kurv kreeg.

Hafenarbeit

Mit Haken fasst »Jan Schauermann« nur –
wie man glaubt – die Ladung an.
Und ist die Schicht dann erst zu Ende,
verstaut er seine großen Hände
prompt in die Taschen, denkt sich schon:
Für gute Arbeit – guten Lohn.

Gemächlich er dann heimwärts schlappt;
er weiß, dass alles hat geklappt,
dass alles wohlverstaut im Raume.
Der Ton ist rau, doch froh die Laune.
Es ist des Hafens Inbegriff,
er kennt die Ladung, sorgt fürs Schiff.

Ein Schiff beladen? – Kein Problem!
Wenn Ladung da ist. Außerdem
gehört dazu ein bisschen Planung
vorausgesetzt, man hätt ne Ahnung,
wie's zeitlich passt und räumlich stimmt,
wie man's auf ebnen Kiel hin trimmt.

Der Boss riskiert den dicken Ton:
»Fangt nur mal an, dann wird das schon!«;
verlässt sich ganz auf seine Männer,
auf seine klugen Hafen-Renner.
Die haben Wunder oft vollbracht,
Unmögliches noch wahrgemacht.

Doch ist ne Kiste mal zu schwer,
muss flugs ein Gabelstapler her.
Wer »Tonnen macht«, der darf wohl lachen,
kann vollberechtigt »fofftein« machen.
So geht's im Hafen ständig rund,
ob Wechselschicht, ob Überstund.

Na denn: Lang mol röber!

Een lütten Drink in de Morningtime
is beter as ' n ganzen Dag gor kein;

een lütten Sluck in de Afternoon
mokt den Minschen wiss nich duhn;

een lütten Drink in de Eveningstünn
smeckt bestens meist mit gode Frünn;

mit 'n lütten Sluck to Middernacht
is denn dat Dagewark vollbracht.

So 'n lütten Drink is Seelentrost
un tööwt blots op dat frohe »PROST!«

Hest 'n lütten Sluck gau bi de Hand,
verdröögt so licht nich de Verstand.

Un wenn een fragt: Wat schall denn dat?
Een rechten Kierl de bruukt sowat!

Un kiekt de Fro bedrappelt drein,
denn schenk ehr fors ok 'n Lütten ein!

Damals im Hafen: Späße und Schabernack

Handwerker sind findig – im Tüfteln und bei Streichen

Durch unachtsames Hantieren war eine Exportkiste von der Schuppenrampe gefallen und auseinandergeplatzt. Gewollt oder ungewollt, das blieb eine offene Frage. Der Inhalt lag auf der Kaje herum und entstammte einer Lieferung hygienischer Gummiwaren. Klar, dass der Schuppenmeister eine Schadensmeldung machte. Aber inzwischen waren schon einige Packungen als verwendungsfähig mitgenommen worden, »organisiert« nannte man das damals. Irgendwie war einem dort gerade tätigen Handwerker des Technischen Betriebs auch ein Paket »so ganz einfach nur auf den Schuh gefallen« und dadurch in seiner Werkzeugtasche gelandet. Na, in der Werkstatt entstand darob die achtersinnige Frage, was sonst wohl noch damit anzustellen sei. »Luftballons machen!« war die allgemeine Entscheidung – »und dann fliegen lassen!« Nur haben die Schlaumeier die Dinger schön stramm mit Acetylen aufgeblasen, weil eben ein anderes Gas nicht da war und von Pressluft die Gummiwürste nicht fliegen wollten. Sie entschwebten dann von der hinteren Ecke des Werkstatthofes und wurden sogleich vom Wind in Richtung Schuppen vertrieben. Aber es war schönstes Sommerwetter, mit greller Mittagssonne und dazu knackig warm. »Rums« und »bums« hat es über den Dächern geknallt und gekracht. Zu sehen war sonst nichts. Zum Glück verlief alles ganz ohne Schaden, wohl aber mit Schrecken ob der unerwarteten Lautstärke. Der große Chef und seine Gäste im Modellraum haben sich ganz schön erschrocken. Aber die Leute aus der Werkstatt unten hatten bei ehrlichstem Gesicht darauf so gar keinen Reim, wie sehr der Meister auch immer wieder fragte. Man hat es ihm erst sehr viel später gesagt. Und die Feuerwehr hat nie herausgekriegt, was da wirklich los gewesen ist.

Ob man nur ein paar Lehrlinge der Werkstatt hatte »in den April schicken« wollen oder ob es aus anderen Gründen so eine Art von

kollegialer Erziehung sein sollte, ist bei einem anderen Schlosserschabernack nicht herausgekommen. Jedenfalls bekam jeder »einen gewischt«, wenn er beim Erscheinen des Meisters an der Werkbank schnell den Vielbeschäftigten spielen wollte. Aber gesprungen sind sie wie die Tanzbären. Und das doch nur, weil einer ganz klammheimlich ein wenig Schwachstrom kurzgeschlossen hatte. Der Witz lag eigentlich nur im Berührungseffekt. Bei Starkstrom wäre das gefährlicher gewesen. Und das tat ja auch keiner. Aber so ein bisschen mit Schwachstrom spielen, das macht schon Spaß.

Einmal wollte der Meister seine Tabakspfeife mit Pressluft ausgeblasen haben, weil der alte Stinkbrösel hoffnungslos verstopft war und statt zu ziehen nur den »Rotz kochen« ließ. Dabei muss er entweder den Piepenkopp verkehrt herum gehalten oder der hilfreiche Kollege muss vielleicht zuviel Druck drauf gegeben haben. Das Ergebnis war »malerisch«, eine wahrhaft hübsche Sommersprossensprenkelung. Und er konnte überhaupt nicht verstehen, warum sie alle so lachen mussten.

Eine andere beliebte Ärgernisart war, einem unliebsamen Kollegen (soll es zuweilen auch geben) eine kleine Metallkugel in die Radkappe seines Autos zu zaubern. Beim Fahren rotierte die dann mit einem erbärmlichen Geklöter, dass er glaubte, das Auto würde hinten auseinanderfallen. Gestoppt und gesucht – aber dann auch finden, dazu gehört eben wiederum Findigkeit.

Schießlich dürfen ja nicht alle Streiche erzählt werden, weil vielleicht doch mal einer etwas übelnehmen könnte. Aber gerade wer so empfindlich war, der hat sich doch gefallen lassen müssen, dass ihm im Eifer der Arbeit auch mal der Saum seiner Blaujacke mit dem »Tacker« (Heftapparat) »so ganz aus Versehen« an die Kiste genagelt wurde. Na, so was!

So kannst wat weern!

oder: »Hein, schuuw du man de Korr, du hest all 'n krummen Puckel!«

Wi harrn in Bremen ok mol een Hoben-Senoter, de in sien vörherigеt Beroops-Leewen bi de Lagerhus weer. Dor hett he upn Krohn seeten, un he hett ok Gobelstoplers kutscheert, bit he een goden Dags denn Betriebsrot und sogar Vörsitter von'n Betriebsrot wür. He wusst all jümmers klook to snacken, un so »keem he ok an«.

Weer een Dag een Besichtigung in' n Hoben von elkeen Delegadschon. Se keem dörn Schuppen, un dor stunn inne Eck so'n richtig ole Sackkorr. Een Boss von een Hobenbedrief stüürte dorop los, greep dat Dings an beede Holmen und schuuw af. Schüttkoppden de annern, bit een em frogdt, wat dat denn bedüden schall. –

»Ik goh man blots een beeten öwen mit de Korr to schuuwen, viilicht weer ik so ok mol een Senoter!« – De gode Senoter hett bannig lacht, as se em dat vertellden.

Ladungs-Claim

Schentlemens:
Der last pags off koffee vot ve got from you was mixed mitt rattschitt. Der koffee may be gutt genug, aber der rattschitt it spoils der trade. Ve did not see schitts in der samples wich your agent showed us. Ve orderet kleen koffee und you sented rattschitt mixed mitt koffee und it takes much time do pick der schitts all oud. Der was mistak, und ve brefer dat you schipp der rattschitt in one saks and der koffee in one other saks, und ve vill mix it to suit der gustomers.

Pleese rite if ve should schipp bak der schitt und keep der koffee or should schipp bak der koffee vidout der schitt or schipp bak whole blaasted lott.

Ve vant to doo vat is rite in dis matter aber ve do not like die dam rattschitt piziness.

Mit much respekts,

....

Daar harr een Priem steken

Dirk Julius Heinrichs snackte in sien Stauerree blots Platt, wo sick dat hört in'n Haben.

As de ersten groten Boomwulladungen mit'n Lloyddamper ankeemen, wull »Vadder«, so nennden em siene Arbeiter, sick unnen mol genau ankieken, wo se in Texas de Ballen staut harrn.

Ehrder dat he nu de Leddern runner klatterde, leeg he sien Jack un siene sauberen Stulpen up den Rand van de Luken. As he wedder rup keem un sien Stulpen herkreeg, harr daar een sien Priem rinsteken.

He frog denn jo de Lüüd, wokeen dat doon harr, ober eener mokte noch een dösigeret Gesicht as de annere. Vadder Hinrichs moss sien Lachen verkniepen un sä: »Wat schall bloot mien Fro von jo Habenarbeiters denken!« –

Wenn he mol hoch sprok, wussen alle Bescheed, wat de Klocken slogen harr. Denn heet dat: »Minsch, vandage is dicke Luft! – ›Vadder‹ s-pricht hoch!« –

Man goot, dat de doch blots platt snackt harr …

Eenfach Räken

Ol Dirk Julius Heinrichs harr jümmer een Hart för lüttje Lüüd. Wenn daar een »Hannelsmann« anne Eck stunn mit so'n Buukladen un wull Schohstrippen un annern Tüterkraam verköpen, denn nehm he fors wat mit. So'n Schohband weer jo woll to bruken. –

Een Dag drep he woller op so een, as he grode ut dat Habendoor keem. Un he kennde em ok, dat weer een von sien Schuurlüüd, de sick daar nah de Arbeit an' n Fierabend een poor Groschen daarto verdeen wull. Also nehm he sick een Paar von de swatten Sengelbands un frog denn:

»Na, Hannes, wie kommst daarmit trecht? Un wat schall dat nu för mi kosten?« –

De antert ganz krosch:

»Herr Heinrichs, Se kost dat ne Mark. Mi kost dat tein Penn. – Un mit dat een Perzent schall ick woll klar kamen!« –

Ol Dirk Julius hett sick bannig högt und meen:

»Na, daar kannst woll so grod mit leven!« –

Un daarum is ok vandage in'n Haben dat »Een-Perzent-Geschäft« noch jümmer dat best – wenn't sowat mal gifft.

Allerlei Gabelbissen *(auf Neptuns Dreizack serviert)*

Fische

Fisch ist nicht nur Volksnahrungsmittel von alters her, sondern hat auch sonst vielerlei Beziehung zu unseren Lebensgewohnheiten und zu unserer Redeweise. Das soll in einer buntgefächerten Betrachtung einmal aufgezeigt werden. Ist also gewissermaßen eine »Fischplatte nach Art des Hauses« ohne sich dabei mit Kochkünstlern oder Küchenmeistern messen zu wollen.

Im Altertum schon erhielten die Fische die Zuordnung als zwölftes Tierkreiszeichen. Sie sind ein sog. Winterzeichen. Das hat seinen Nachklang noch darin, dass hinsichtlich des Wohlgeschmackes für bestimmte Fischsorten den Monaten mit einem »r« darin besonderer Vorzug gegeben wird, wie z.B. Muschelzeit und Aalsaison.

Es soll genügen, nur bis in die Zeiten des Alten und Neuen Testaments zurückzugreifen. – Tobias 6, Vers 3 hat mit müdem Gähnen nichts zu tun. Nur weil der Wal das Maul so weit aufriss, ergab sich damals für den so Erschreckten der Ausruf: »Oh Herr, er will mich fressen!«

Und der Wal spielt auch eine Rolle in der Geschichte des Propheten Jonas, der wegen seines Ungehorsams gegenüber einer göttlichen Weisung und wegen der Gefahr, in die er die Fischer bringt, von diesen ins Meer geworfen wird. Ein Wal verschlingt ihn. Darin muss er für drei Tage und drei Nächte verbleiben, bis der Wal ihn wieder ausspuckt. Er gelangt dann an Land und führt seinen Auftrag gehorsam aus, nachdem er zuvor im Dunkel des Walmagens sein Fehlverhalten eingesehen und seinem Gott Besserung gelobt hat. – Eine Geschichte, eine Legende nur. (Schade, dass man in Wahrheit so keinen Menschen belehren kann.)

Auch der Hellenismus kennt in der Mythologie die Errettung eines Menschen durch einen Fisch. So tritt im 7. Jahrh. v. Chr. Arion als Musiker und Lieddichter in Erscheinung. Schiffer hatten ihn auf einer Überfahrt mit dem Tode bedroht und auf der Fahrt nach Korinth ins Wasser gestürzt. Wegen seines Gesanges wurde er gerettet, und zwar durch einen Delphin.

Doch besagt die moderne Erkenntnis, dass man einen Banker getrost ins Wasser werden darf. Der würde von keinem Hai gefressen werden. Und warum nicht? – Aus reiner Standesehre! (Wie aus England zu vernehmen war, wo Standesehre noch hochgehalten wird.)

Ein Banker meinte kürzlich: St. Nikolaus galt immer als Schutzpatron der Fischer und der Seeleute. Aber darüber hinaus darf er als gemeinsamer Schutzpatron auch von Gaunern, Banditen und Geldverleihern angesehen werden, weil sie alle nur auf Fischzug aus sind

Über den großen wundersamen Fischzug wird in der Bibel ebenfalls berichtet, wenn wir in Johannes 21, Vers 10/11, vernehmen, wie der auferstandene Jesus seinen Jüngern am See Tiberias befiehlt: ... bringet her von den Fischen die ihr gefangen habt. Und es war ... ein Netz voll großer Fische ... einhundertdreiundfünftig. Diese legendäre Zahl findet sich auch in der darstellenden Kunst wieder. Es sei als Beispiel nur an die berühmte Kassettendecke der Kirche in Zillies (Graubünden) erinnert mit ihren 17 Reihen zu je neun Feldern = 153 Bilder.

Und im Siegelring des Papstes, dem sog. »Fischerring« findet sich wiederum die symbolische Darstellung des heiligen Fischzugs. Unsere christliche Religion hat es überhaupt immer sehr mit dem Fischsymbol gehalten. Das wohlbekannte Christusmonogramm IHS symbolisiert das griechische Wort Ichthus, und das heißt Fisch. Es ergibt sich aus den Anfongsbuchstaben von Jesus Christos Theu Hyios Soter und bedeutet Jesus Christus Gottes Sohn Heiland. Damit wollen wir den klassischen Aspekt dieser Betrachtung verlassen.

Doch es kann durchaus geschehen, dass ein Fang auch mal sehr mager ausfällt. Dann sagt der Fischermann wohl: Ostenwind – mokt krusen Büdel, gifft Lüttjen Pint.

Das heißt, weil im schlappen Netz ein geringer Fang war, kann der Schipper für seine Leute auch nur einen kleinen Aufwärmeschluck (Pint) ausgeben.

Über die VieLseitigkeit des Fischmarktes wollen wir hier nicht sprechen. Was Anlandung und Auktion anbelangt, muss man dazu nach Fischkopp-City fahren. – Ihr wisst nicht, wo das ist? Bremerhaven!

Und was sonst an buntem Marktgeschehen möglich ist, das ist nächtens von Sonnabend zum Sonntag in Altona auf St. Pauli zu erleben. Im Sommer ist das ein herrliches Frühstundenvergnügen. Und wenn es regnet, dann zieht man eben die gelbe Fischerjacke, »den Ostfriesennerz«, an.

Als sonstige Volksbelustigung wäre noch das mancherorts beliebte Fischerstechen zu nennen, bei dem die Fischer, in leichten Kähnen stehend, versuchen, sich gegenseitig mittels langer Stangen ins Wasser zu stoßen.

Fisch ist aber nicht nur was zum Essen.
Mit Fischöl hat man früher die Öllampen gespeist, und mit Fischtran schmierte man seine Lederstiefel. Beides muss ganz schön gestunken haben. – Doch auch wohlriechende Mittel gab es: Ambra. Das ist eine graue, wachsartige, duftende Masse aus den Därmen des Pottwals. Sie findet sich auf dem Meer. Daraus wurden Heilmittel hergestellt, und es wurde zu Riechstoffen verwendet. – Ähnlich war es mit Walrat. Das ist eine fettartige weiße Masse im Körper des Pottwals. Sie wurde zu Pflaster, Salben und zu Kerzen verarbeitet, und man presste auch Walöl daraus.

Nur wenn zu einem Mann gesagt wird, er sei wie ein Wal, dann ist das nicht gerade ein Kompliment: wenig im Kopf, dickes Fell, immer im Tran.

Die in Bremen seit Generationen kursierenden Fisch-Lucie-Geschichten wären allein schon ein volles Vortragsprogramm.

»Aale ward von't Anfaten ok nich dicker!«, war ihre deutliche Zurechtweisung, wenn Kundinnen ihre Ware zu sehr betatschten. Oder auch: »Hest woll nen Knurrhahn in'n Dassel?«, wenn einer sich gar zu dösig anstellte.

Ein paar klassische Fischwitze passen ebenfalls hierher:

Graf Bobby fragt den Ober: Was ist Kaviar? – Das sind Eier vom Stör! Na, denn kochen Sie mir mal zwei, aber nicht zu hart.

Ein Starlet wird befragt, wie die Party mit dem Playboy war: Die Brombeermarmelade schmeckte nach Fisch, und die Brause war sauer! = Die ist so doof, dass sie sich, wenn sie bis zwei zählen will, ohne Bluse vor den Spiegel stellen muss.

Wahrscheinlich hätte sie als Kind mehr Lebertran nehmen sollen. Aber der war schon für Generationen ein wahrer Kinderschreck. Nur in den schlechten Zeiten gleich nach dem Zweiten Weltkrieg war man heilfroh, wenn man beim Drogisten einen Buddel Lebertran ergattert hatte. Der war damals als Bratfett sehr begehrt. Und so wurde zumindest geschmacklich aus den Bratkartoffeln so etwas ähnliches wie eine Portion Pannfisch.

Ähnlich machen manche Leute auch »brr«, wenn sie was von Stockfisch oder Klippfisch hören. Nur wer sich mal in Norwegen daran gepflegt hat oder wer das portugiesische Nationalgericht Bacalao genossen hat, weiß, dass daraus sehr leckere Fischgerichte zu machen sind. Dennoch geschieht es, dass einem Mann zuweilen nachgesagt wird, er sei steif wie ein Stockfisch oder drög as so'n Klippfisch. Dagegen ist Steckerlfisch eine wohlschmeckende Spezialität an der Donau.

So gibt es vielerlei Beschreibungen von Charaktereigenschaften oder von persönlichen Merkmalen, die fischartig sind:

stumm wie ein Fisch	soll er nicht sein
munter wie ein Fisch im Wasser	darf er sein
zappeln wie ein Fisch an der Angel	muss er zuweilen
hilflos wie ein Fisch an Land	ist er zu bedauern
glatt wie ein Aal	ist er nicht zu fassen
glibberig wie eine Qualle	mag man ihn nicht anfassen
gefährlich wie ein Hecht im Karpfenteich	soll er nicht sein
elektrisch wie ein Zitteraal	teilt er Schläge aus und
gefräßig wie ein Hai	verschlingt er alles.

Nur wenn es auf englisch »fishy« heißt, muss man vorsichtig sein, denn das bedeutet fragwürdig, verdächtig, faul, unsicher.

Nur sind bei all solchen Eigenschaften immer oder vorwiegend die Herren gemeint. Für die Damen gibt es tausenderlei nettere Bezeichnungen, die dann aber mehr aus der bunten Blumenwelt stammen.

Gegen eine wohlgeformte Nixe hat zwar ein Mann zunächst nichts einzuwenden, zumindest was die Optik anbelangt. Nur die weitere praktische Handhabung bereitet dann doch gewisse Schwierigkeiten.

In Versform hört sich das so an:

Verspätete Erkenntnis

Ein Fischer macht, so hört doch, Leute!,
von seinem Fang ein groß' Geschrei:
Sein Netz erwischte feine Beute,
'ne süße Nixe war dabei.

Ihr, die im Wasser nur zu Hause,
an Land ist alles ungewohnt;
doch glaubt er, dass in seiner Klause
sie seine Liebe zart belohnt.

Bald musste er sich eingestehen,
dass sie nur oben rum war süß;
sonst konnte einfach nichts geschehen:
Vor Schuppen wurd' ihm laufend mies.

Es platzte schließlich ihm der Kragen,
er setzte schon die Säge an,
um sie zu spalten; doch ihr Klagen
ruft deren Schwester auf den Plan.
Die macht auf umgekehrte Weise
den Fischersmann vor Liebe wild.
Doch weiß er nicht, zu welchem Preise
er eingekauft ihr Spiegelbild.

Denn die schien menschlich zwar mit Beinen,
doch oben war sie wirklich Hai,
sie schnappt nur zu, es ist zum Weinen,
und mit ihm war es gleich vorbei.

Was soll nun die Geschichte lehren?
Die erste Liebe ist zwar schön,
dann fängt man an mehr zu begehren
und um den Menschen ist's geschehn.

Da bleibt dem armen Kerl nur noch eines übrig: im seitlichen Krebsgang davonzulaufen. Dann ist er ein Dwarslöper.

So betrachtet hat Fisch doch vielerlei Bedeutung. –

Eiweiß regt die Gehirntätigkeit an. Schon allein deshalb muss man viel Fisch essen. Und wohlgemerkt: Fisch macht nicht dick, sagen die Dünnen und meinen die Dicken, die es ohnedies schon sind.

Aber Scholle, Butt und Flunder sind Plattfische. Die dürfen demgemäß auch nur von Plattdeutschen verzehrt werden.

Dennoch oder gerade drum: Guten Appetit! Ach ja, zum Schluss noch ein Zungenbrecher:

Fischers Fritze fischte frische Fische,
frische Fische fischte Fischers Fritze! (Langsam!)

Störtebeker und der Hering

Alljährliche »Störtebeker-Spende« in Verden – seit 1402

Noch heute wird jedes Jahr im März als besonderes Ereignis in Verden/Aller ein Vermächtnis des 1402 in Hamburg geköpften Seeräubers Klaus Störtebeker erfüllt. Sein Kumpan Gödeke Michels stammte aus der Gegend um Verden und hat damals dem Dom als Reuebeweis für seine Untaten sieben Kirchenfenster gestiftet. Die gleichzeitige Auflage, dass jährlich am Montag nach Lätare den Armen der Stadt Brot und Hering zu schenken sei, ist als »Lätare-Spende« in Verden jedenfalls seit 1602 urkundlich nachweisbar. Und zu diesem Festakt gehören immer auch launige Reden, ganz besonders natürlich zum tausendjährigen Stadtjubiläum Verdens. Eine von Bremens Präsident des Senats und Bürgermeister Hans Koschnick gehaltene Ansprache ist es wahrlich wert, schriftlich festgehalten zu werden: »Sie stehen hier vor dem Rathaus Ihrer tausendjährigen Stadt und warten auf die Störtebeker-Spende. Und wer kommt? Irgend so ein Bürgermeister aus Bremen, aus einer Stadt, von der man weiß, dass sie nur geringfügig älter ist als Verden und an einem Fluss liegt, der von der Aller sein Wasser bezieht. Ich höre Sie innerlich direkt sagen: Wir wollen Hering und keine Rede. Da ich Ihr Liebesbekenntnis zum deutschen Hering teile, hier einige Anmerkungen zu dem Fisch:

Hering ist für mich der politische Fisch ›par excellence‹. Stromlinienförmig wie mancher Politiker ist er in der Lage, schwierigen Problemen, die ihm der Atlantik stellt, durch blitzschnelle und dennoch elegante Bewegungen auszuweichen. Wenn die Fischer ihn packen wollen, glitscht er ihnen gewandt durch die Finger, und sie stehen mit leeren Händen da, während der Hering bereits neuen Problemen entgegenschwimmt, um ihnen auszuweichen.

Sicher ist auch, dass es funktionsfähigere und praktischere Fische gibt, wie etwa die Scholle, die sich durch ihre plattgestaltige Form der Bratpfanne eher anbietet.

Hier nun stellte sich schon vor Jahren eine große Aufgabe für den menschlichen Erfindergeist. Wie konnte man einen zwar eleganten, aber für die menschliche Nahrung wenig funktionsfähigen Fisch umgestalten – wie man heute sagt: neu durchstylen? Der menschliche Genius kam auf Hochtouren. Also fetzte er die vollkommene Natur auseinander, zwängte ein wenig Zwiebel und Gurke hinein, rollte das Ganze auf, steckte einen Zahnstocher hindurch und verkaufte den so umgestalteten Hering als Rollmops im Glas.

Mit Essig, Pfefferkörnern und Lorbeerblättern. Nirgendwo sonst wird der Lorbeer so entwürdigt wie im Rollmopsglas. Aber damit nicht genug des menschlichen Erfindergeistes.

Da wurde doch tatsächlich der elegante Hering sinnlos zerschnetzelt. mit Mayonnaise, Apfel und Zwiebel verrührt und dann als Heringstopf ›nach Hausfrauenart‹ angeboten. Rollmops und Heringstopf, Hausfrauenart«: Jedem formschönen Hering in der Nord- und Ostsee muss diese Zukunftsaussicht einen schrecklichen Schlag versetzen. Was würden Sie, liebe Zuhörer, tun, wenn Sie Hering wären? Richtig! Sie würden sich zurückziehen. Ja, und damit haben Sie die einleuchtende Erklärung, warum es heute so wenig Heringe in der Nord- und Ostsee gibt.

Hier und heute am Montag nach Lätare werden noch Restexemplare des schönen Fisches in seiner ursprünglichen Gestalt an die Bevölkerung verteilt – damit Sie alle einmal sehen können, wie ein Hering wirklich aussieht.

Bei diesem Plädoyer für den Hering hätte ich beinahe vergessen, Ihnen die mir aufgetragenen Grüße aus Bremen zu übermitteln. Ich hole das als ganz protokollgerecht zum Schluss nach: Die Bremerinnen und Bremer grüßen Verden und gratulieren allen Einwohnern dieser schönen Stadt zum tausendjährigen Geburtstag!«

Fisch direkt von der Herdplatte

Das Schiff bleibt übers Wochenende im Hafen von Teneriffa liegen, also für die wachfreie Besatzung eine gute Gelegenheit für eine Inselrundfahrt. Per Taxe geht es über die Passstraße zum Pico de Teide, der trotz der Frühlingszeit noch eine weiße Kuppe zeigt. Zur Mittagszeit ist an den Badeplätzen im Süden voller Touristenbetrieb. Doch die fünf deutschen »Sailors« mögen diesen Reiserummel nicht und wollen dort gar nicht essen. Sie halten es mit dem alten Seemannsspruch: »Der Herr bewahre mich vor Regen und Wind – und vor Deutschen, die im Ausland sind!« –

Der spanische Taxifahrer weiß eine kleine etwas abgelegene Ortschaft, so halb den Hang hinauf, aber mit Blick aufs Meer. Dorthin fährt er selbst immer mit seinen Freunden zum Fischessen. Es sind tatsächlich auch nur spanische Familien da, und es geht feiertäglich lautstark zu. Dazwischen fühlt man sich sogleich ganz wohl.

Die Fische muss man in der Küche aus den großen Körben selbst aussuchen, wirklich fangfrische Ware. Sie werden dann gewogen, ausgenommen und mit verschiedenen Einschnitten markiert, damit nachher jeder das richtige Gericht serviert bekommt. Und dann geht die Bratprozedur los:

Salzen und kräftig würzen – innen und außen, aber »con mucho ajo«, also mit viel Knoblauch. Gebraten wird ohne Pfanne, direkt auf der glühenden Herdplatte, alle nebeneinander. Das ergibt Wohlgerüche wie in »1001 Nacht«. – Das Essen nachher ist ein wahrer Hochgenuss. Die speisefreudige Gesellschaft empfindet in solcher Umgebung keinerlei Geruchsbelästigung. Aber nachher bei der Rückkehr an Bord, da haut es die an der Reling stehenden Kollegen doch glatt um. Statt freudiger Begrüßung schallt den »Landfahrern« entgegen: »Ihr Stinktiere! Wo seid ihr denn gewesen? – Ihr stinkt ja wie Iltis!« – Auch nachher beim nächtlichen Wachdienst geht man einander deshalb noch aus dem Weg.

Fröhliche Angelei

Neben dem ganz normalen Gepäck gehört bei jedem Seemann noch etwas persönliche Ausrüstung dazu. Der eine nimmt ein Akkordeon mit, der andere einen mit vielen Wellen bestückten Radio-Empfänger, der dritte einen Recorder mit vielen Kassetten, und manch einer hat eine umfangreiche Angelausrüstung dabei. So auch damals Kapitän F. auf MS »FLORA« in der Mittelmeerfahrt.

Klar, dass dieses Gerät auch seine Funktionsfähigkeit beweisen soll. Also hängt der große Meister an einem ruhigen Liegetag in Spanien seine »Hungerpeitsche« von der Brückennock weg aus und lässt ein ordentliches Ende Nylonschnur abspulen. Im Hafenbecken tanzt der Schwimmer auf den kräuselnden Wellen. Aber sonst regt sich rein gar nichts.

Don José, der spanische Matrose, der gerade Freiwache hat, sitzt hinter dem Heck auf der Hafenmauer. Er hat einfach eine lange Schnur mit einer Schraube als Gewicht, mit eigens gemachtem Köder (aus Kartoffeln, Käse und Fleischresten) und mit einem selbst zurechtgebogenen Angelhaken versehen, direkt an der Kaimauer abgesenkt, und er scheint so einfach vor sich hin zu dösen. Unbewegt beobachtet er das Wasser unter sich. Jedesmal, wenn er die Schnur hochholt, hängt ein Fisch daran, sehr zum Ärger seines Käppens mit der teuren Angel.

»Sag mal, José, wie machst du das? – Bei mir beißt keiner!« »Kann ich verstehen, Herr Kapitän. Die Fische hier sprechen nur spanisch! – Man muss sie vorher rufen und sie nicht nachher beschimpfen!«

Zu Mittag gab es jedenfalls frischen Bratfisch, trotzdem oder gerade drum.

Schon frühmorgens Fisch

Fisch zum Frühstück? Das würde hier bei uns kaum jemandem einfallen, noch nicht einmal »oben an der Küste«. Aber als fremdländisches Erlebnis ist das eine wundersame Begegnung. Von den griechischen Kykladeninseln in der Ägäis fahren die Fischer bei Sonnenuntergang zum Nachtfischen hinaus. Auf dem hochgezogenen Achtersteven ihrer Boote ist auf einem Rohrgestell jeweils eine große Acetylenlampe befestigt, mit einem Schirm überdacht, der das Licht auf das Wasser abstrahlt. Nicht, um die Nacht zum Tag zu machen, sondern weil dadurch die Fische nach oben und ins Netz gelockt werden. Gefischt wird zumeist im Verbund mit mehreren Booten aus dem gleichen Dorf. Die Fahrzeuge bilden dazu einen großen Kreis oder Halbbogen und ziehen diesen dabei langsam immer enger. Doch auch Einzelboote gehen so bei Lampenlicht auf nächtlichen Fang. Gottseidank ist die wie früher angewandte üble Raubfischerei mit ins Wasser geworfenen Dynamitpatronen jetzt nicht mehr gebräuchlich und war eigentlich auch immer ein sehr unschönes Manöver und gefahrvoll noch dazu. Ein alter Fischer hatte von einem Unfall eine Gesichtsnarbe beibehalten, und sein Kinnbart war dadurch in der Mitte geteilt nach der einen Seite hin schwarz geblieben und auf der anderen Seite schlohweiß geworden. Woanders würde man wohl »black and white« dazu sagen. Bei ihm auch, aber auf griechisch »halb und halb«, und das hörte sich an wie »etsi – ketsi«. Dafür war er überall bekannt.

Beim aufkommenden Tageslicht tuckern die Boote zum Hafen oder Strand, je nach gewohntem Liegeplatz, zurück. Die Ehefrauen warten schon, um sogleich die Körbe zum Markt bringen zu können. Aber ein Korb bleibt bei den Fischersleuten zurück. Den nehmen sie dann mit zu ihrer Taverne. Der Wirt hat zur rechten Zeit schon das Holzkohlenfeuer angeblasen. Und es dauert gar nicht so lange, bis er die frisch gegrillten Fische auf die marmorne Tischplatte schüttet. Teller und Bestecke gibt es nicht. Es wird gebrochenes

Weißbrot gereicht, dazu gibt es den griechischen Landwein Retsina mit dem herrlichen Harzaroma und kühles Brunnenwasser. Das ist die rechte Atmosphäre, um sich ausgiebig über den Fang und das Wetter der letzten Nacht zu unterhalten. Der schon früh des Wegs vorbeikommende Fremde wird mit freundlicher Geste zum Mithalten eingeladen. Und es wäre mehr als unhöflich, diesen Willkomm abzuschlagen, auch wenn man vielleicht außer »cherete« als Gruß und »efcharisto« als Dank nichts auf griechisch zu sagen weiß. Nach einer Stunde ist alles vorbei, und die Männer gehen entweder nach Hause, den Schlaf nachzuholen, oder hinunter zum Boot, um aufzuklaren, die Netze zu überholen und die Lampen zu putzen. Für den so eingeladenen Wanderer ein unvergessliches Erlebnis.

Am nächsten Morgen steht der Wanderer selbst mit unten am Strand zur morgendlichen Begrüßung. Man kennt sich nun ja schon. Dementsprechend ist es auch eine freundschaftliche Begrüßung. Um zu beweisen, wie »knackfrisch« der Fang ist, nimmt der Fischermann einen kleinen Sardinenfisch aus dem Korb und verspeist ihn »so frisch aus der Hand«. Ungläubiges Staunen, das aber von ihm damit entkräftet wird, dass die gebildeten Europäer rohe Austern doch auch mit Wohlbehagen in sich hineinschlürfen. Warum nicht auch einen ganz frischen Fisch? – Aber soweit reicht der eigene Mut dann doch nicht, und man zieht die knusprigen Grillhappen in der Hafentaverne vor. Der Fischermann muss darüber herzlich lachen, aber das fördert nur das gegenseitige Verständnis.

Bordfrühstück: Der Steward fragt die nervige Passagierin, wie sie denn das Frühstücksei haben möge: gekocht, als Spiegelei oder als Rührei – oder vielleicht als mexikanisches Omelett? »Ja, mexikanisch, das klingt so exotisch!« Doch dann kommt die große Überraschung, als er ihr die heiße Pfanne mit einem lautstarken »Ole!« auf die Back knallt.

Matjes-Essen portugiesisch

Ein zünftiges norddeutsches Matjes-Essen, so wie man es vom Deutschland-Besuch her kennt, ist für Schifffahrtsleute im Ausland ein meist unerfüllbarer Traum, aber ein Grund davon zu schwärmen. Doch mit Findigkeit gelingt solch ein Festmahl sogar in Portugal, wie ein Beispiel zeigt:

Ein in Leixoes aussteigender Besucher hatte eine große Dose mit zwei Dutzend Salzheringen von Bord mitgebracht, dazu noch Gewürzgurken und auch ein ganzes Schwarzbrot. Speck und Zwiebeln für die »Stippe« sowie neue Kartoffeln waren im Lande erhältlich. Käse und Butter ohnedies (wegen des Schwarzbrotes). Ein vernünftiges Bier wird am Ort ebenfalls gebraut, zwar nach holländischer Rezeptur, aber immerhin. Und der landesübliche klare Schnaps heißt dort »Agua dente«, was keinesfalls ein Zahnputzwasser ist, wie manche Unwissende meinen.

So weit – so gut. Aber wie werden die noch in der Salzlake schwimmenden Heringe zubereitet, und dann auch noch von wem? Erst einmal galt es, die Hausfrau überhaupt zu überzeugen, dass das ganze Manöver laufen kann, eine sonst für Portugiesen sicherlich unlösbare Aufgabe. Aber ein richtiger deutscher Matjes-Esser kennt sich dabei aus. Nur muss er dazu, und das ist dortzulande schon fast ein Sakrileg, als Mann in die Küche eine an sich unmögliche Vorstellung, und dann noch mit einer vorgebundenen Schürze! Die Mädchen in der Küche und im Haus haben erst empört reagiert, dann erheblich gelästert, schließlich neugierig zugeschaut und dann das für sie so seltsame Tun doch sehr aufmerksam verfolgt. Schließlich hat alles wunderbar geklappt, und die abendliche Überraschung für die eingeladenen Freunde des Hauses war riesengroß.

Nur einen Nachteil hatte das Ganze, wenn auch völlig unbeabsichtigt: Der Juniorchef, der zuvor einige Zeit in Deutschland volontiert und sich auch von dort seine Frau mitgebracht hatte, der wurde vom Freundeskreis zum Matjes-Koch erhoben, und er hat im Laufe der Zeit noch verschiedene Reprisen zelebrieren müssen: »Ach, hättest du denen das nie gezeigt, die können gar nicht genug davon kriegen! Das gibt es doch in keinem Kochbuch: Matjes portugiesisch. – Aber wenn ich mal nach Deutschland komme und dann Zeit habe, dann werde ich mich mit Bacalao (Klippfisch) bei dir rächen, dass deine Freunde dich genau so malträtieren!« Aber das ist schon wieder eine andere Geschichte.

Der Marine-Zoo

Viel Getier im Seemannsgarn

Der Seemann ist tierlieb, und das beweist er mit den vielen Wörtern und Begriffen, die er – aus der Tierwelt entnommen – in seine Sprache einbezogen hat. Nur Haustiere kann er sich kaum halten, von Bordhund oder Bordkatze einmal abgesehen. Sein Wortschatz ist fürwahr so etwas wie ein echter »Marine-Zoo«.

Schon von alters her gab es »viel Getier im Seemannsgarn«, in Magie und Mystik, als beschützendes Symbol und auch als Ausdruck besonderer Fähigkeiten. Deshalb hat ein rechter »Seebär« es schon immer gern gemocht, wenn sein Schiff in Flagge oder Schornsteinmarke Abbildungen von Vögeln, Fischen, Tierköpfen und Schlangen trägt.

Wenn er dann in seiner Koje still vor sich hin träumt, denkt er aber bestimmt nicht darüber nach, dass dieses Wort von »caves« und »canarote« abstammt und nichts anderes als Verschlag, Käfig oder Stall bedeutet. Wurden aber wirklich Tiere an Bord mitgeführt, so wurde dafür doch auch ein Verschlag, ein Stall, benötigt. So galten früher auf den Segelschiffen lebende Schweine als sehr wichtige Frischfleisch-Reserve, die im »Swienskoben« hinter dem Mast unter der »Munkie-Back« (Affenback) untergebracht waren. Den Koben (Stall) hat der Schiffszimmermann gemacht, der sorgsam darüber zu wachen hatte, dass sein Schützling immer sein Recht bekam. Reinlichkeit war dabei ein wichtiges Gebot. Daher stammt denn auch die noch heute zuweilen verwendete Redensart »mal das Schwein rauszulassen«, was ursprünglich nichts anderes bedeutete als Waschen per Eimer und Schlauch. Dabei ging es schon mal übermütig zu, was die Doppeldeutigkeit dieses Begriffs erklärt. War jedoch kein »Blaubüdel« (so hieß der Zimmermann wegen seines blauen Arbeitshemdes) an Bord, dann ging die Zuständigkeit der Tierpflege auf den Schmadding (Bootsmann) über. Auf solche Art sind auch Hühner zur See gefahren, und die Matrosen hatten gewiss ihren Spaß daran, ihnen die Eier zu stibitzen.

Eben weil die Jantjes immer ein warmes Herz und Mitgefühl für Tiere hatten und sich dabei ihre eigene Art bewahrten, die Kreatur im Tier zu ehren und zu schützen, verwundert es doch nicht, dass sie den Tieren auch vielerlei Bedeutung und seemännische Funktionen zuordneten. Das zeigt sich besonders deutlich in der Wahl der Schiffsnamen wie z.B. Meerkatze, Albatros, Knurrhahn – und auch »Bremer Esel«, damals als Spitzname wegen der grauen Außenbordfarbe der Schiffe eines Bremer Reeders.

Was ein »Bullauge« (bulleye) ist, weiß inzwischen sicherlich wohl schon jede »Landratte«. Was aber war ein »Bullenschott«? Das war ein langes Holzbrett, das längsseits der Koje (die ja man sehr schmal war) hochgeklappt wurde, damit bei Seegang kein unerwünschtes Rausrollen erfolgte.

Doch was war denn nun ein »Bullenstall«? (Gewiss kein Polizei-Revier.) Den gab es schon vor dreihundert Jahren auf den holländischen Doppeldecksseglern. Das war ein halbhohes und gebogenes Schottbrett hinter dem Bug von Bord zu Bord bei den Ankerklüsen. Da wurde das Kabelaar durchgeführt, eine dünne Hilfsleine beim Ankerlichten. Darüber hinaus hatte dieser Bullenstall aber auch noch einen durchaus praktischen Zweck, nämlich als Bedürfnis-Abtritt. Der Seemann bezeichnete diese Stelle auch als »Pissback«, was gewiss nicht weiter erklärt werden muss. Oder?

Was zu »Pferden an Bord« zu sagen wäre, das wird an anderer Stelle bei den »Ross-Breiten« verdeutlicht, dem unbeständigen Wettergebiet in den Subtropen. Doch wenn aber Hunde auf Expeditionsschiffen in die Arktis mitgenommen wurden, dann war das so:

Damals, 1893, also vor nun mehr als hundert Jahren, machte sich der Norweger Fridtjof Nansen mit seinem Dreimastgaffelschoner »FRAM« auf den Seeweg in die Arktis und nahm für die beabsichtigten Landerkundungen auch 30 Schlittenhunde mit an Bord. Das waren ausdauernde Läufer, die aus Ost-Jakutien stammten und die man in Chabarowa (das liegt zwischen Petschora- und Kara-See an der Jugorskistraße) übernahm. Sie wurden an Deck untergebracht, was sicherlich auch nicht ganz einfach war. Aber Seeleute sind erfindungsreich bei Problemlösungen. Deshalb hatten die Matrosen dafür eigens Netze rund um das Vorschiff gespannt bis zum Klüverbaum hin, damit das wilde Rudel nicht über die Bordkante springen konnte.

Doch zurück zum Thema »Tiere an Bord als Marine-Zoo«: Schon in der Bibel ist es nachzulesen, dass Noahs Arche der erste seegängige Viehtransporter war. So steht es geschrieben (1. Mose, 6.–8.): Ein Kasten, aus Tannenholz erbaut, mit Kammern und Ställen darin, innen und außen mit Pech abgedichtet. Das waren die Maße: 300 Ellen lang, was so um 150 Meter ist; 50 Ellen = 25 Meter breit; bei einer Höhe von 30 Ellen = 15 Meter. Drei Böden (Decks) hoch war der Kasten und hatte eine Tür an der Seite mittschiffs, die man heute Seitenpforte nennt. Nur ganz oben gab es ein kleines Fenster. – Ja, das ist zugleich die erste Baubeschreibung überhaupt. Nur von Mast und Anker war damals noch nicht die Rede.

Und von allem Getier, was damals lebte, musste Noah jeweils ein Paar mitnehmen. Von den großen Tieren genau so wie vom Krabbelzeug und Gewürm. Ihm war auch schon eine Proviantliste und Speiserolle vorgeschrieben, denn es hieß, dass der Bordvorrat zum Überleben reichen müsse, nicht nur für vierzig Tage und Nächte als der Dauer der Sintflut, sondern auch noch für 150 weitere Tage, bis dass das Wasser anfangen würde sich wieder zu verlaufen. Und darüber hinaus nochmals für eine längere Zeit, bis ein trockener Anlegeplatz gefunden worden sei. Alles zusammengerechnet war das eine Zeit von zehn und einem halben Monat andauernder Seefahrt. (Kann sich bei den heutigen Ablöseperioden ein Janmaat wohl kaum mehr als andauernden See- und Wachtörn vorstellen.) Das wichtigste Tier bei dieser großen Menagerie war aber die Taube, die als erste wieder Land zu sehen bekam. Sie brachte den ersten grünen Zweig mit an Bord zurück und wurde damit zum Symbol der Friedenstaube. Sie haben alle getreulich ausgeharrt, bis es hieß: »Abmustern – alle Mann!« – Und wie groß war die Besatzung?

Auch dazu gibt es eine »biblische Schiffsbesetzungsordnung«: Noah mit seiner Frau, dazu seine drei Söhne Sem, Ham und Jafet mit ihren Frauen. Zusammen ist das eine »Crew« von nur acht

Menschen gewesen, die ersten echten Seeleute. – Und heutzutage streiten sich Politiker, Reeder und Gewerkschaften schier endlos darum, wieviel seemännische Besatzung auf ein Seeschiff dieser Größe gehört. – Mit einer solch einfachen Baubeschreibung wie damals für die Arche würden moderne Schiffbauer und Werften gewiss nicht klar kommen, wenn ein vorschriftengerechter Viehtransporter gebaut werden soll. Da hätten die Klassifikationsgesellschaften ein sehr bedeutendes Wort mitzureden; auch Behörden, Ämter und Funktionäre wollen alle dazu gehört werden.

Sicherheitsvorschriften stehen dabei denn auch ganz oben an, auch wenn es sich um das Wohl und Wehe der Tiere handelt. So wird heutzutage genau festgelegt, wieviel Pfleger für eine bestimmte Anzahl Tiere mitzunehmen sind, welche Futtermengen und welcher Wasserbedarf zu beachten ist – und was mit der »Gülle« zu geschehen hat, die aus Umweltschutzgründen nicht mehr einfach außenbords gepumpt werden darf, und so weiter …

Vor ein paar Jahren wurde einmal viel berichtet über einen Neubau als Massentransporter für Schafe, der gleich ein paar tausend Viecher auf einmal pro Reise von Australien nach Indien verbringen konnte. Das Bild muss man sich nur einmal vorstellen, wenn solch eine Riesenherde an Bord getrieben wird. Welch ein Gedrängel und Geblöke! (Eine »Demo« ist wahrscheinlich nichts dagegen …) Aber auch dabei gibt es zum Glück immer noch das Naturgesetz vom »Leithammel«, der immer voranlaufen muss.

Auf ganz besondere Weise zeigt sich, wie weich des Seemanns Herz ist, wenn sich kurz vor Beginn eines langen Seetörns noch eine Festlandtaube verflogen hat und an Bord geblieben ist. Dieser Vogel erlebt dann seine ganze Liebe und Pflege. Ihm wird eine eigene kleine Wasserpütz mit Frischwasser in die Brückennock gestellt, und dazu gibt es immer ausreichend Brotkrümel und Körner oder Hülsenfrüchte zum Picken. Selbstverständlich ganz ohne Salz! So kann sich der Vogel wohlfühlen, und die kleinen Taubenfüße trippeln munter über die hölzernen Grätings. Auf solche Weise hat schon mancher geflügelte blinde Passagier eine Seereise überstanden. Doch sobald dann wieder Festland in Sicht kommt, nimmt auch diese Taube wieder Abschied zum Flug in eine neue Heimat, genau so wie bei Noah damals. Das ist internationale Seefahrt.

Nur mit den »Bordschwalben« oder »Bordsteinschwalben« hat es eine besondere Bewandtnis. Sie gehören nun gerade nicht an Bord, haben also ihren Platz nicht in der Schifffahrt. Ganz im Gegenteil, sie leben von der Seefahrt, indem sie an der Heuer der Seeleute schmarotzen und deshalb zu den »bunten Vögeln des Hafens« zählen, die unter dem gedämpften Rotlicht leben und sich am Rande, eben an der Bordsteinkante, ernähren als die schillernden »Nachtfalter der Goldküste«.

Sollte ein junger Maat einmal eine kurzzeitige oder kurzweilige Bratkartoffelliebelei eingegangen sein, dann heißt es im Kreise seiner Makker wohl, dass er sich eine »Uferschnepfe« eingefangen habe. War das aber ein aufgetakeltes Schlachtschiff, dann ist er eben auf einen »Fregattvogel« hereingefallen. – Bei allerdings festerer und dauerhafter Herzensbindung wird sie dann doch wohl sein »Täubchen« im Laufe der Jahre. Und wenn er als alter Cap Hoornier selbst zum »Albatros« geworden ist, dann ist sie für ihn in liebevoller Bezeichnung seine »Kap-Taube«. Da gibt es dann keine Steigerung mehr.

Wenn man es recht betrachtet, dann findet man zwischen A und Z ganz viel Seegetier. Zwischen Affen und Ziegen tummelt sich ein ganzer Marine-Zoo. Sogar wenn man an Bord steht und in den Mast hinaufschaut, dann sind ganz unten im Schiff das »Kielschwein« und in der Höhe oben steht die »Möwe Emma« im »Krähennest«.

Der rechte Seemann weiß auch das richtige Futter für jedes Tier und wie er es zu halten hat – auch wenn er es mit »Seemannsgarn« befestigen müsste. Denn eines ist wahr: »Seebär« und »Seelöwe« sind gewiss nicht das gleiche …

Unerwünschte Nager im Kabelgatt: Ratten

Wenn die Frage gestellt wird, ob es heutzutage noch Ratten an Bord gibt, erhebt sich sogleich die Gegenfrage, was ein Seemann dagegen unternehmen muss. Er schützt sich durch »Rattenbleche«. Das sind runde Blechteller (»Rattenteller«) , einmal bis zur Mitte geschlitzt, damit sie auf die Festmacherleinen aufgesteckt werden können. Damit wird den Ratten der Zugang an Bord verwehrt. Umgekehrt wird aber auch behauptet, sie könnten dann nicht vom Schiff herunter.

Früher auf den Holzschiffen und auch nachher auf den Dampfern, die noch Holzdeckel auf den Luken und hölzerne Bodenbretter hatten, da gab es für dieses Viehzeug gewiss genügend Unterschlüpfe. Sie gehörten ebenso zur Seefahrt wie die Kakerlaken.

So sind denn auch die Ratten in den Wortschatz der Seeleute eingegangen und haben zu mancherlei Wortbildungen Anlass gegeben: Da ist zum Beispiel der »Rattenboden« zu nennen. Das ist aber kein Tummelplatz für Ratten, sondern ein Seitenpodest im Laderaum, eine kleine Randerhöhung, die der Schauermann (Stauer) gern als Sitzgelegenheit bei der Arbeit im Luk benutzte, um sich zwischendurch einmal zu »verholen«. –

Aber der Seemann darf im Wachtörn keinesfalls sitzen und träumen, vor allem nicht, wenn es sich um die »Rattenwache« handelt. Das ist die ungeliebte Wache nach Mitternacht bis 4 Uhr morgens, wozu auch »Hundewache« gesagt wird.

Auf den Rahseglern früherer Segelschiffszeiten gab es auch »Rattenschwänze« (»Rottensteerts«). Die waren damals unentbehrlich. Es sind die am Jackstag angebrachten Taustücke, damit die Segel ganz auf der Rah geborgen werden können. Diese Rattenschwänze sind so bemessen, dass sie gleich zweimal um das geborgene Segel geschlagen werden können. Sie hängen in gleichmäßigen Abständen an der Rah – etwa zehn bis zwölf vor dem Segel herunter, wenn jenes nicht geborgen ist.

Manch ein Schiff, vor allem wenn es alt oder verdreckt und im Erhaltungszustand heruntergekommen war, wurde nicht nur bei den Seeleuten, sondern auch im Hafen als »Seelenverkäufer« angesehen und musste sich deshalb schon die Titulierung als »alter Rattendampfer« gefallen lassen. Dabei mussten nicht einmal Ratten an Bord sein.

Aber weil man früher schon wusste, dass sich auf solch einem »Eimer« nicht einmal die Ratten wohlfühlen würden, entstand so die Redeweise: »Die Ratten verlassen das sinkende Schiff!« War vielleicht eher symbolisch gemeint und soll doch einen ernsthaften Hintergrund haben, weil man annahm, dass diese Nagetiere ein natürliches Empfinden für kommendes Unheil hatten. Bloß der weitere Begriff »mit Mann und Maus« ist sprachlich nicht ganz korrekt. Die Redensart besagt nicht, dass Mäuse mit in die Tiefe gingen. Vielmehr kommt diese Redewendung aus Holland und meint, ein Schiff ging mit Mann und Meisje, also mit Mann und Frau, eben der ganzen Schipperfamilie bis zum Bordhund hin, unter.

In alten Seemannsgeschichten ist auch nachzulesen, was die Rattenplage damals an Bord bedeutete. So berichtet der Mecklenburger Richard Wossidlo, was so um 1850 die Segelschiffsmannschaft erlebte (aus dem Plattdeutschen übertragen): »Wenn die Ratten an Bord überhand nehmen und sich quer durch die Segel hindurchfressen, dann muss Pfeffer dazwischen gestreut werden.« – Ob die wohl geniest haben? – Oder aber auch: »Man muss den Ratten Wassernäpfe hinstellen, damit sie nicht vor Durst den Schiffsboden durchfressen.«

Schließlich sollen sie ja auch Krankheiten und Seuchen übertragen haben. So ist denn noch heutzutage die Bordhygiene nicht frei von diesem Thema, wenngleich es sich dabei vornehmlich um vorbeugende Gesundheitskontrolle handelt. Zu den amtlich vorgeschriebenen Schiffspapieren gehört unbedingt ein »Rattenattest« , das periodisch alle sechs Monate zu erneuern ist und vom Hafenarzt bzw. der Hafengesundheitsbehörde unterzeichnet werden muss. Darin wird bestätigt, dass das Schiff nach entsprechender Inspizierung »frei von Ratten, Seuchen und Ungeziefer« befunden wurde. War das jedoch nicht so, dann war vor der Erteilung des Freigabescheins die umfangreiche »Entrattung« (Entgasung) erforderlich.

Für diese wahrhaft »atemberaubende« und stinkende Arbeit gibt es spezialisierte Desinfektionsfirmen. deren Vorgehen in entsprechenden Gefahrenstoff-Verordnungen bis auf »Punkt und Komma« genau reglementiert ist. Wenn die Ratten lesen könnten, würde ihnen schon allein von dem Umfang dieser Vorschriften ganz von selbst die Puste ausgehen. Blausäuregas ist aber eben doch sicherer!

Aber das sind heutzutage die selteneren Fälle von Unregelmäßigkeiten, mit denen sich das Hafenamt als oberste Aufsichtsbehörde herumplagen muss. – Wo früher bei den Holzschiffen die Bordratten ein wahres »Eldorado« als Lebensbereich vorfanden, ist heute bei stählernen Schiffswänden und Decksplanken keine Gelegenheit mehr zum Durchnagen vorhanden. Wenn aber dennoch mit der Stückgutladung wirklich einmal Ratten eingeschleppt werden, die sich auf Schiffen »bunter Flaggen« aus exotischen Ländern eingeschlichen haben, oder wenn das Schiff zuvor einen Hafen angelaufen hat, der als Infektionsgebiet anzusehen ist, dann muss der Hafendoktor vorschriftengemäß einschreiten.

Soweit langt es denn wohl in diesem Thema, zu dem ein Dichter meinte:

»Es gibt, sagt man, zwei Sorten Ratten:
die Hungrigen sowie die Satten.
Die Satten bleiben brav zu Haus,
die Hungrigen, die wandern aus.
Die Satten, die sind brave Viecher,
vor Hungrigen ist gar nichts sicher.«

Unser Wachtörn der »Rattenwache« ist um. So wollen wir uns denn auf den »Rattenboden« verholen und »Fofftein moken« …

Wenn der Seemann ein Pferd hätte

Muss er das auch reiten?

Kann man sich überhaupt einen Seemann auf einem Pferd sitzend vorstellen? Vom uralten Witz der »reitenden Gebirgsmarine zu Fuß« einmal ganz abgesehen, was es (in Österreich zu k.u.k.-Zeiten) angeblich einmal gegeben haben soll. Doch wenn einem Schreiberling erst einmal solch eine Frage gestellt worden ist, dann bleibt ihm wohl nichts anderes übrig, als darüber nachhaltig zu sinnieren und auch in Seefahrtliteratur nachzuwälzen. Und wahrhaftig, man findet doch so einiges über »Ross und Reiter«.

Wenn damals die Klipper sich in der Weite der See mit Stürmen und Taifunen abplagen mussten, dann erzählten die Männer nachher schon davon, mit welcher Mühsal sie dieses Ungemach »abreiten« mussten. Das war dann wohl die reinste Form von »Wellenreiten« und wahrlich anstrengender und gefahrvoller als die moderne Sportart mit vom Motorboot nachgeschlepptem Wasserski. Wenn's auch nichts mit Reiten auf einem Pferd zu tun hat, so gibt es doch einen seemännischen Bezug zu »Rössern«.

Auf den großen Segelschiffen der vorigen Jahrhunderte hatte man immer großen Respekt vor der Zone der »Ross-Breiten«, dem subtropischen Kalmengürtel. Solch ein Großsegler, eben ein Windjammer, benötigte immer eine »ordentliche Mütze voll Wind« für seinen langandauernden Seetörn. Wenn das Schiff dann in den Tropen zur rechten Zeit den Passatwind zu fassen bekam, hieß es natürlich »alle Plünnen setzen«, damit der Kasten ordentlich vorm Wind läuft. Vom Äquator nach »oben«, also nach Norden zu, weht der Nordostpassat und ist »rechtsdrehend«, und nach »unten« zu, also zur südlichen Erdhalbkugel hin, dreht der Südostpassat dementsprechend »links herum«. Beides zusammen ist der »Passatring«, was auch damals die Entdeckungsfahrer schon wussten.

– Wehe aber, man gelangte in ein Seegebiet ohne Wind! Solche Ruhe gefiel den Jantjes überhaupt nicht. Das ist am Äquator die »Kalmen-Zone«, die auch »Mallung« oder »Doldrum« genannt wird. Wenn dort die Luft stand, dann gab es nur dicke Wolken, schweres Regenwetter und starke Gewitter. Dann war Seefahrt keine reine Freude mehr. Dieser subtropische Kalmengürtel liegt in Nord und Süd jeweils zwischen 25 und 35 Grad hinter dem Passatring. Darein zu geraten, war dann schon so etwas wie eine »Rosskur«. Dann dümpelte das Schiff in den »Rossbreiten«. Der Name kam damals durch die Spanier auf. Wenn die mit ihren Karavellen zu ihren Kolonien segelten, dann hatten sie auch immer Pferde an Bord. Kam aber eine lange Flaute ohne Wind und mit großer Hitze, dann hielten die armen Viecher das nicht durch und mussten elendig krepieren. So musste manch ein Pferdekadaver nach außenbords über die Reling geworfen werden. Darum sagt der Seemann auch heute noch »Rossbreiten« zu diesem unbeständigen Seegebiet – und er will auch nichts von Pferdefleisch in Kombüse und auf der Back wissen.

Man darf aber die Rossbreiten nicht mit dem »Rossmeer« verwechseln. Das liegt nämlich ganz unten im Süden, in der Antarktis, wo es bannig kalt ist und eine wahre Pferdekälte herrscht. Den Namen hat seinerzeit Sir James Clark Ross, der englische Polarforscher, diesem Antarktis-Revier gegeben, als er um 1840 dahin kam und dort eine Vulkaninsel mit 4.000 Meter Höhe entdeckte, die dann nach ihm auch als »Rossinsel« benannt wurde.

Mal abgesehen von aller Geografie, habe ich mal an Bord einen Seemann nach seiner persönlichen Einstellung zu Pferd und Reiten überhaupt befragt. Hier ist seine »Story«, Den Schmadding, also den Bootsmann, hat in seinem Urlaub dann doch wohl mal »der Hafer gestochen«, und er wollte sein Reittalent ausprobieren. Von Backbordseite aufentern, na, das klappte. Aber oben sitzen bleiben und dann das »Fahrzeug« auch noch antreiben, damit begann schon die Plackerei. Ja, meinte er, wenn es einen Maschinentelegrafen gegeben hätte, dann wäre er mit »langsam voraus«, mit »halbe rückwärts« und mit »full stop!« wohl klargekommen. Aber mit Zügel und Füßen steuern und Kurs geben … Nee, das war nix. Und dann fehlen auch noch Typhon und Sirene, dass man all die »Dwarslöper« wahrschauen kann. Nee, auf nem Pferd reiten is nix für einen seebeinigen Jantje. Und dann auch noch über Steuerbordseite absteigen, ganz ohne Jakobsleiter. Er sei jedenfalls nicht außenbords gefallen, aber – es war doch nur, dass der alte Zossen so seine eigenwillige Art hatte abzubremsen.

Ein rechter Sailor soll Seebeine haben. Pferdehufe hat er gewiss nicht. Doch wenn er auf einem Klipper segelt und in die Rahen aufentern muss, dann geht es eben doch nicht ohne Pferde. Wie das nun? Seine Pferde sind Trossen und Leinen, die unter den Rahen hängen bzw. gespannt sind zum Drauftreten und zum Festhalten. Da hat er die »Springpferde« als die kurzen Enden nach unten runter bis zu den »Fußpferden«, auf denen die Janmaaten langtänzeln. Und zum Anfassen haben sie auch noch die »Handpferde«, was Schlaufen sind, durch welche die Arme hindurchgesteckt werden. Denn die alte Seglerregel heißt doch: »Eine Hand fürs Schiff und eine Hand für den Mann!« So sorgen sogar die Pferde noch für die Sicherheit an Bord. Also doch »Ross und Reiter«?

Bremen best

Bremer Wetter kann nicht mögen jedermann,
doch am Bremer Nieselregen ist was dran …
Bremen binnen – Bremen buten, so ist's recht,
und die Bremer Eigenarten sind nicht schlecht.

Bremer Zwieback, Bremer Klaben und Kaffee,
Bremer Kluten, Bremer Moppen, Bremer Tee.
Zur Verdauung hinternach 'nen Eiswettkorn –
und weil's schmeckte, dann das ganze frisch von vorn.

Bremer Matjes, Kohl und Pinkel und »Bramsil«,
Pluckte Finken, Bremer Speckaal möglichst viel,
Bremer Knipp, Labskaus zum echten Bremer Bier,
und weil's schmeckte, drum bekommt's, das wissen wir!

Bremens Roland schützt des Handels edlen Zweck,
Bremer Flagge ist bekannt als »Bremer Speck«,
Bremer Freimarkt ist die fünfte Jahreszeit –
Bremer Schlüssel schafft uns Freunde weltenweit.

Bremer Jungen machen sicher nichts verkehrt,
Bremer Mädchen sind als Hausfrau sehr begehrt,
Bremer Bürgern macht man schwerlich etwas vor
»Bremen best« – so töne es als Chor.

Typisch bremisch

»Buten un binnen – wagen un winnen«,
so steiht dat an'n Giebel von: Huus Schütting

Wer »buten un binnen«
will »wagen un winnen«,
mutt binnen wi buten
bedachtsam afsluten,
of buten of binnen
heel mutig beginnen,
sick binnen un buten
to all Tied fix sputen.

Mutt buten un binnen
klar denken – nich spinnen,
draf binnen wi buten
nich blots wat vermuten,
bruukt buten un binnen
för allns wache Sinnen,
schall binnen wi buten
ok wohrn siene Snuten.

Wenn buten un binnen
de Johrn fors verrinnen,
as binnen un buten
stick' n mennichveel Ruten,
warst buten wi binnen
dat Glück doch woll finnen;
musst binnen un buten
veel Godet vermuten.

So buten un binnen
kann gor nix verswinnen,
denn binnen as buten
sind doch »Bremer Kluten«
stets munter – nie müde,
doch stark un solide:
denn »wagen un winnen«
heet »buten un binnen«.

Helfen und Retten

Damit die Seefahrt Freude macht,
wird schon dem »Moses« beigebracht,
zu sorgen für die Sicherheit
und meiden jede Lässigkeit. –
Dass er des Lebens sich erfreut,
wird ihm als erstes eingebläut:
Acht auf der Hände festen Griff
»einen für dich, einen fürs Schiff!«

Die See ist so erlebnisreich,
schippert er übern »Großen Teich«,
schaut sich die fremden Häfen an;
sein Freund ist der »Klabautermann«.
Das alte Sprichwort als Gebot
gilt immer noch: »Seefahrt tut not!«
Damit sie nicht in Not gerät,
ist's nötig, dass man zu ihr steht!

Doch wenn die See das Schiff bedrängt,
von hartem Wellenschlag es krängt,
wenn »Rasmus« sorgt für »Havarei«:
der Seenotkreuzer eilt herbei. –
Er ist's, der dann die Hilfe bringt;
und wenn die Rettungstat gelingt,
kann man nur hohe Achtung zoll'n
den Leuten, die stets helfen woll'n!

»Rund um die Uhr« sind sie bereit,
und das zu jeder Jahreszeit:
»Helfen und Retten«, wenn's gelang,
ist's ihnen selbst der schönste Dank.
Als Bote von der Waterkant
fährt's *Sammelschiff* auch über Land:
Drum, Freunde, überseht es nicht;
es gut zu füll'n ist Ehrenpflicht!

»Quellenhinweis«

Deutsches Schiffahrtsmuseum

Übrigens: Wen es per Urlaub einmal nach Bremerhaven führen sollte, dem sei unbedingt der Besuch des Deutschen Schiffahrtsmuseums angeraten. Man muss aber ein paar Stunden Zeit dafür aufwenden.

Aus einer zeitgenössischen Karikatur von 1848 der Hamburger Zeitung »Reform« zum Thema der Schaffung der ersten deutschen Marine entnahmen wir als damalige Version zu dem in Bremen hochgeachteten Wahlspruch

»Navigare necesse est,
Vivere non est necesse«

als spöttische Hamburger Betrachtung:

»Das Bremer Hauptbestreben ist,
von der Flotte leben!«

Op us Bremer Art

Solang an'n Markt de Roland steiht,
in Bremen use Speckflagg weiht,
de Minschen plattdütsch Spraak verstohn,
kann use Art nich unnergohn. –
Hör, wi de Möw an't Öwer schreit,
wo Kinner in de Podden kleit,
wenn't Water opkömmt mit de Floot,
bi Ebbstrom weglöppt, daar is't good!

Wo'n Jung fix op de Fingers fleit,
wenn' n Deern sick flott bi' n Danzen dreiht
un ick veel leewe Lüüde kenn,
is moi dat Spill, daar mööt wi hen.
In't Vörjohr, wenn de Blomen bleiht,
dat Hart ok mol koppheister sleit,
wenn Ongedüür treckt dör den Liew,
denn is de Bremer gor nich stief!

Wenn Stormwind in't Gesicht di weiht
un allens döreenanner geiht,
hol Oogen op un kloren Kurs,
sunst suupst du af un büst in' n Mors.
Wat wi so dörch de Kehlen neiht
un wo ok gor keen Hahn nah kreiht,
is godet Eeten, kloren Sluck;
dat haun wi weg: ganz kort = ruck – zuck!

Wer sick an plattdütsch Wöör nich freit,
de deiht us man blots bannig leid;
mutt sehn, dat he hier kommt torecht,
denn leewt he bi us wiss nich slecht.
Un seggt een, wi sünd nich gescheit,
de is man sülbens wat verdreiht.
Us Bremer Art is rein un pur,
gediegen – un een beten stur!

Granaat – frische Granaat!

Bremer Krabbenpuulerleed von Margret Rink

Keeneen schall daar seggen,
wer puult de is slecht.
Denn all de daar puulen,
de puulen mit Recht.

Refrain:
Mennicheen puult to Huus
inne Köken sien Granaat.
Obers wi puult an'n leevsten
op'n Bremer Kajenmarkt.

Un de een puult inne Näse
un de annere Granaat.
Elkeen kann sick ja utsöken,
wat he an'n leevsten maakt.
Refrain

Un de een puult de Dicken
un de annere de Dünn' n.
Welke puult sogar 200 Gramm,
doch bi mi liggt dat nich hin.
Refrain

Un de een puult inne Schöddel
un de annere inn' n Mund.
Denn Granaat puulen maakt Spaaß,
un Granaat eeten is gesund.
Refrain

De Koch-Bodes mit de Stoppuhr
röppt blots jümmer »PUUL – PUUL!«
Doch um sülben mittopuulen,
ja, daar is he to fuul.
Refrain

Un wenn wi ann'n Granaat
dreiht un zuppt un ok treckt,
denn sünd wi rein neeschierig,
keen vondag an' n meisten hett.
Refrain

Mudder Sengstake sammelt
de Schöddeln nu in.
Un denn seggt se to us:
»Mensch, daar is jo meist nix in!«
Refrain

Wat jeder hett puult,
wiest de Waage nu an.
Un mit Sekt warrt belohnt,
de am besten puulen kann.
    Refrain

Nächsten Sönnabend Klock teihn
puult wi mit nee' n Maat.
Un wenn ji all »PUUL – PUUL!«
roopt, geiht dat noch mal so good.

    Refrain:
    Mennicheen puult to Huus
    inne Köken sien Granaat.
    Obers wi puult an'n leevsten
    op'n Bremer Kajenmarkt.

Tschüss ok!

Wenn Snackeree to Ennen geiht
un allens best bekakelt is,
nah Huus us blots de Sinn noch steiht,
heet dat to'n Afscheed eenfach »Tschüss!«

Een Quittje kiekt us frogend an;
he stickt woll in Bekümmernis:
»Nun sagen Sie mal, bester Mann,
was heißt denn das? – So einfach »Tschüss!«

Denn antern wi ganz krisch un fix:
Wer hier bi us opwussen is,
de weet darop man anners nix:
»Dat's good di geiht, drum seggt wi »Tschüss!«

As goden Wunsch kannst dat verstohn:
»Bit anner Mol – un hol di frisch!«
Dat meent't bi' n Utnannergohn:
»Wi sehn us woller! –
Na denn: »Tschüss!«

In dieser Reihe sind erschienen:

Bremer Schmunzelgeschichten
Auf gut Bremisch

Band 1

152 Seiten, 26 Illustrationen
Format 14 x 22 cm, Broschur

ISBN 978-3-95494-061-5
12,– Euro

Bremer Schmunzelgeschichten
Bremen Best !

Band 2

156 Seiten, 21 Illustrationen
Format 14 x 22 cm, Broschur

ISBN 978-3-95494-059-2
12,– Euro

Bremer Schmunzelgeschichten
Auf Neptuns Dreizack aufgespießt

Band 3

148 Seiten, 17 Illustrationen
Format 14 x 22 cm, Broschur

ISBN 978-3-95494-060-8
12,– Euro

Bremer Schmunzelgeschichten
Segg eenfach »Moiin!«

Band 4

144 Seiten, 32 Illustrationen
Format 14 x 22 cm, Broschur

ISBN 978-3-95494-063-9
12,– Euro

Der Autor

Ernst B. R. Dünnbier (gerade 75) ist »mit Weserwasser getaufter Tagenbarer«, hat sein Berufsleben als Einzelhandelskaufmann begonnen und wechselte dann vom Export über ins Schifffahrtsfach. In 34 Jahren Reedereitätigkeit im Stadtbüro und im Hafen, aufReisen und in der Personalbetreuung als Flottenbeauftragter hat er mit großem Interesse sehr viele Begebenheiten aus Seefahrt und Hafenbetrieb eifrig notiert, häufig interpretiert und freudig glossiert. Aus seinen Berichten, Vorträgen, Autorenlesungen und Rundfunksendungen ist diese Auswahl entnommen mit dem steten Wunsch: »Einer Seefahrt froh Gelingen«.

Die Illustratorin

Margret Rink (eben 50) ist »een reinroggen opwussen Neestädter Deern«, startete ihr Berufsleben als gelernte Bürokauffrau und ist »nebenbei und überhaupt« ausgebildete Volksschauspielerin und voll engagierte Plattdeutsche. Ihr Hobby sind Zeichnen und Theater. So stellt sie in beider Hinsicht gern Originale vor und Typen dar, und sie liebt es besonders, dabei Bremer Eigenheiten sichtbaren Ausdruck zu verleihen, so u.a. auch als meisterliche Krabbenpulexpertin, denn dazu gehören neben dem allzeit flotten Mundwerk auch ebenso flinke Finger, »denn flutscht dat ok«!